青少年百科知识文库

未解之谜 · **中国文化探秘**

UNSOLVED MYSTERY

司马袁茵◎编著

河南人民出版社

图书在版编目（CIP）数据

中国文化探秘/司马袁茵编著. --郑州：河南人
民出版社，2014.11
（青少年百科知识文库. 未解之谜）
ISBN 978-7-215-09067-5

Ⅰ. ①中. Ⅱ. ①司. Ⅲ. ①中华文化－青少年读物
Ⅳ. ①K203-49

中国版本图书馆CIP数据核字(2014)第258403号

设计制作：崔新颖　王玉峰
图片提供：　fotolia

河南人民出版社出版发行
（地址：郑州市经五路66号　邮政编码：450002　电话：65788036）
新华书店经销　永清县晔盛亚胶印有限公司 印刷
开本 710毫米×1000毫米　1/16　印张 9
字数 128千字　插页　印数 1-6000册
2014 年 11 月第 1 版　2015 年 4 月第 1 次印刷

定价：29.80 元

目录 CONTENTS

Part ❶ 中国文化

Part ❷ 中国文学

Part ③ 中国名人

Part ④ 中国历史

Part ⑤ 中国绘画戏曲

Part 6 中国建筑

Part 1
中国文化

汉字起源于何时

汉字是每个中国人在日常生活中最熟悉的事物。然而，汉字究竟起源于何时至今也没有统一的说法。

第一种说法是"仓颉造字说"。

东汉的许慎在《说文解字》中说黄帝的史官仓颉创造了"书契"。"书契"是指刻写在陶坯或甲骨上的文字。原始文字的起源和发展的几个阶段是"结绳"、"八卦"、"书契"。因此，在汉字起源的诸多说法中，以"仓颉造字说"的影响比较大。《荀子》、《吕氏春秋》和《韩非子》等古文献，也都肯定了"仓颉造字说"。

第二种说法是"陶器刻符说"。

仰韶文化陶器记事符号被发现后，不少专家学者认为，这是具有汉字性质的符号。在龙山文化、大汶口文化、良渚文化和二里头文化中出土了一大批带有记事符号的陶器。大汶口文化陶器的一些刻符被解读为戍、斤、斧、昃、旦等字。因此，人们认为，中国汉字起源于陶器刻符。

第三种说法是"殷商甲骨文说"。

持这种说法的学者认为，文字在殷商时才出现——青铜器铭文和甲骨文。因此，殷商时代的甲骨文是现在已知用于记录成句语言系统的最

← 良渚文化遗址出土
的带刻符的陶器

古文字。在商代，甲骨文已具有相当程度的规范化。它不仅在语法结构上为先秦书面语言奠定了雏形，而且在字形上也跟西周、东周、秦、汉文字一脉相承，是相当成熟的文字体系。范文澜也持这种说法。

第四种说法是"夏代起源说"。

郭沫若认为，像其他事物一样，文字的产生与发展更应是一个漫长的历史过程。因为殷商时代的甲骨文已很成熟，所以其产生至少应在商以前一千年左右，因此中国文字应该是起源在夏或夏之前。已进入阶级社会时代的夏应该有原始文字。在现有的文献资料中，《史记》中的《夏本纪》、《殷本纪》都载有明确的先王、先公世系。它所依据的肯定是古代文献的记载。也就是说，用于记录历史的、开始与语言相结合的文字系统在夏启时代已经出现。

但是，这仅仅是推测。因为在考古发掘中还没有发现确凿无疑的夏代文字。中国文字究竟源于何时，到现在为止还是一个谜。

神奇的甲骨文

　　大约在公元前 16 世纪，商汤灭夏，在中原立国，从此中国历史进入商代。商王盘庚经前后五次迁都，最终定都于殷。直到商纣亡国总共273 年，商代晚期的统治中心一直在殷。但商朝被灭之后，殷民远徙，殷都逐渐变成一座废墟。殷都的文明也只局限于文字记载上，甚至有人认为那些记载也不可作为信史。后来，一连串的偶然事件逐渐否定了这种怀疑。考古者逐渐将殷都积淀的古文明展现出来。

　　1899 年，北京国子监祭酒王懿荣老先生感到身体不适，就买了一剂含有"龙骨"的药物，在他准备将这些"龙骨"研碎时，王老发现这些所谓的"龙骨"并不是什么骨头，而是上面有许多划痕的泛黄的龟甲。王老是一位古文字专家，好奇心驱使他拿起甲骨仔细地观察，他吃惊地发现这些划痕像是一种文字。于是他将这家药店的全部"龙骨"买下，经过细致研究和考证，断定这种非篆非籀的字形是商代的一种占卜文字。

　　我们现在已能解释商代的文字为什么要刻在甲骨或兽骨上，为什么这些刻着文字的甲骨碎片总是有许多裂纹或切痕。原来所有这些碎片都是史书上所称的"卜骨"。骨上的裂纹是人们有意用高温加热所造成的。根据商代的习俗，商民上自王公下至庶民，事无巨细，都要用龟甲或牛胛骨进行占卜。占卜时，就用燃炽的木枝烧炙甲骨的反面凿出的槽和钻出的圆窠，这时甲骨因厚薄不匀而出现"卜"字形裂纹。这些裂纹就是他们判断吉凶的"卜兆"。占卜以后，将所问事项刻记在甲骨之上，这就是"卜辞"。占卜的内容是以当朝国王为中心的，有对祖先与自然神祇的求告与祭祀，有对天象、农事、年成以及风、雨、水的关注，也有对周围各国战争的关注和商王关于旬、夕、祸、福，以及田游、疾病、生育的占问等。这样就为我们提供了许多商代历史事件或天气气象的资料。

王懿荣的发现引起了许多中外人士对甲骨的重视。1908 年，经罗振玉多方查询，才得知甲骨实出自河南安阳小屯一带。伴随着甲骨被确认、

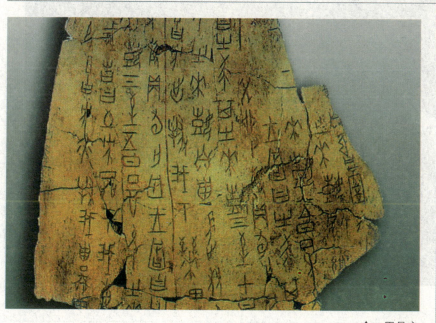

↑ 甲骨文

购藏和挖掘，古文字学家也开始对甲骨文进行破译。经过众多专家的努力，甲骨片上排列的文字逐渐成为可以通读的文句了，从而证实了出土甲骨文的小屯村正是古文献记载的殷墟。因此，一个湮没了三千多年的繁华故都终于在世人面前得以呈现。

自 1899 年发现殷墟甲骨至今，约有十五万片以上商代甲骨已出土，现分藏在中国大陆和台、港、澳地区，另有一部分流散到其他国家。殷墟甲骨文内容涉及商代的政治、经济、文化及天文等。可以说甲骨文的发现和破译帮助我们解开了历史上许多难解之谜，而发现的甲骨文共有四千五百多个单字，还有三分之二的文字等待人们去破解。

↑ 河南安阳殷墟遗址出土的文物

"河图"与"洛书"的真相是什么

　　《周易·系辞》上说:"河出图,洛出书,圣人则之。"传说伏羲氏时,有龙马从黄河出现,背负一图;有神龟从洛水出现,背负一书,这就是河图与洛书。伏羲根据这一图一书画成了八卦,这就是《周易》的来源。

　　另一种传说讲,大禹治洪水时,上帝赐给他"洪范九畴",这就是《尚书·洪范》的来源,而《洪范》也就是洛书。如此看来,有关河图与洛书的传说同作为儒家经典的《周易》与《尚书》的来源问题有关。事情果真如此吗?它们是不是儒学家的编造呢?这些古老的传说中是否还隐含了更深的奥秘呢?

　　今传河图与洛书都用数目不等的若干组白圈和黑点组成,分布成图形状。有人认为,白圈代表奇,黑点代表偶,而奇和偶则表现了更基本的哲学观念——天地和阴阳(天为阳、地为阴)。有人认为,河图与洛书中包含有天圆地方的观念,河图为圆,代表天的形象,洛书为方,代表地的形象。也有人的看法正好相反。

　　有人指出,河图与洛书以不同数目的白圈与黑点按照一定的方位进行排列组合,表现了古老而传统的阴阳八卦五行观念。在中国古代,《易传》为代表的文化系统用八卦来解释世界,阴阳五行家则以阴阳和五行

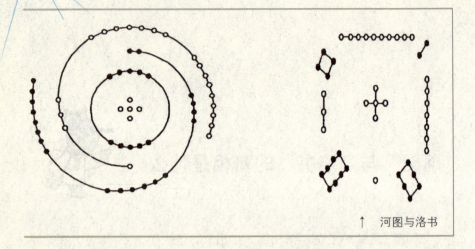

↑ 河图与洛书

来解释世界；阴阳五行家不讲八卦，《易传》也不讲五行。因而，河图与洛书的出现，表明《易传》的世界图式已经同阴阳五行的世界图式结合了起来，而构成河图和洛书的那些白圈与黑点，不过是八卦、阴阳、五行之象的数字模拟或数字表现。这种观点是比较新颖的。

深入的学术研究表明，八卦、阴阳、五行的观念确实分别起源和发展于古代中国的不同地域，经过了相当长的时期才融合到一起，但这一融合是否以河图与洛书的出现为标志，目前还很难下结论。

河图和洛书究竟有什么用呢？新近有学者提出，河图是古代的气候图，洛书是古代的罗盘。从河图的名称上看，它应是黄河流域先民在游牧时代的气候图，白圈在天上表示阳光，在地上表示晴天与干燥；黑点在地上表示阴天与降雨量。洛书则是根据天圆地方观念绘制的古罗盘，用来辨识方位。而对于逐水草而居的古代游牧部落来说，辨别方向和了解气候都是至关重要的。这是否就是河图与洛书的真相呢？

《永乐大典》正本之谜

　　明成祖永乐年间，朝廷以举国之力，修成一部大型类书——《永乐大典》。该书的性质类似于近现代的大百科全书，它保存了上起先秦下至明初的有关语言、文学、历史、哲学、宗教、艺术、地理、科技等方面的宝贵资料，是我国文化遗产中的珍贵财富，为丰富和发展世界文化做出了巨大贡献。

　　中国历代统治者，在建立起新的封建王朝后，为了巩固自己的统治地位，树立"一张一弛，文武之道"的天子形象，总要召集天下儒士，整理、校订、编辑本朝大型类书，一方面为了维护正统文化的垄断地位，另一方面则加强对知识分子的思想控制。如唐太宗命欧阳询等编成《艺文类聚》一百卷，宋太宗命李昉等编成《太平御览》一千卷等，均属此类情况。

　　公元 1368 年，朱元璋建立了大明王朝，当时朝廷急于医治战争创伤，恢复农业生产，增加财政收入，无暇顾及编纂类书。洪武二十一年（公元 1388 年），朱元璋曾与群臣商议"编辑经史百家之言为《类要》"一事，后因种种原因，并未修纂成。明成祖朱棣经"靖难之役"，于 1403 年夺占帝位，改元永乐，为了粉饰自己的正统形象，平复知识分子的不满情绪，遂命令大学士解缙等，编纂一部大型类书。其指导思想是："凡书契以来经史子集百家之书，至于天文、地志、阴阳、医卜、僧道、技艺之言，备辑为一书，毋厌浩繁！"解缙等人急于求成，立即组织一百多名儒生，仅用一年时间，匆匆编成《文献大成》。明成祖看后，认为"所纂尚多未备"，距其本意相去甚远。

永乐三年（公元1405年），又命姚广孝、郑赐、解缙等人重修此书，这次组织了近三千人的庞大编纂队伍，他们广搜博采，兼收并蓄，不仅动用了皇家图书馆文渊阁的全部藏书，还派遣部分官员分赴外地购募珍籍善本，在此基础上展开了浩繁的编辑工作。全书订出凡例二十一条，体例则依据《洪武正韵》，采取"用韵以统字，用字以系事"的编辑方法，依次把天文、地理、人事、名物、诗文词赋等，随字收载，并将各种资料整段、整篇、甚至整部地抄录于所属条目下。由于这种辑录方法是"直取原文，未尝擅改片语"，因而保留了古代大量珍贵的文化典籍。永乐五年（公元1407年），全书定稿进呈，明成祖审阅后，非常满意，钦定为《永乐大典》，并亲自作序说："大一统之时，必有大一统之著作。"得意之情，溢于言表。接着，命人誊抄，翌年冬天才告完成，全书计22877卷，凡例、目录60卷，分装为11095册，约3.7亿字。它不仅是我国文化史上最大的一部百科全书，而且也是迄今为止世界上最大的古代百科全书，在人类文化史上具有极其重要的地位。

《永乐大典》修成后，先是藏在南京文渊阁，明成祖迁都北京后，复藏于新建的文楼中。对于这部官修类书，后来的帝王都十分珍惜，爱护有加。永乐和万历年间，曾商议刊行于世，以供更多的人士查阅使用，终因"工费浩繁"而作罢。嘉靖三十六年（公元1557年）四月，宫中突发大火，三大殿被焚，附近的文楼危在旦夕，明世宗一夜间，连下三四道诏令，不惜一切代价，保护这套丛书。因为抢救及时，《永乐大

↑ 《永乐大典》书影

典》幸得保全。为了防止再有不测之祸，明世宗决定重录一部备用。嘉靖四十一年（公元 1562 年）八月，令大学士徐阶以"糊名考试"的方法，招募得一百零八名缮书人，开始大规模的复制工作。并限定每人一天抄三页，"如遇差错，发与另写，不拘一次二次"，极其慎重。五年之后，也即隆庆元年（公元 1567 年），全书誊录完毕。因其抄于嘉靖年间，故又称其为"嘉靖副本"。副本的装帧、样式及字体等全部仿照该书正本。这等于为《永乐大典》又增设了一道保险，为保存我国古代典籍做出了巨大贡献。

　　已经有了两部《永乐大典》，然而也难免其厄运，自修成嘉靖副本后，正本便下落不明。副本传至清代雍正年间移交翰林院收藏。乾隆年间编纂《四库全书》时，发现《永乐大典》缺失 2422 卷（原有的一万多册，尚余九千多册），后经多方查访，仍未补齐。自道光之后，《永乐大典》便束之高阁，无人过问。一些翰林院官员趁机偷窃出宫，高价售于帝国主义文化强盗，使该书又亡佚不少。咸丰十年（公元 1860 年）八月，英法联军侵入北京，大肆焚烧掠夺，《永乐大典》亦遭劫难。光绪二十六年（公元 1900 年）七月，八国联军赶走慈禧太后和清德宗，北京复燃战火。收藏《永乐大典》的敬一亭再遭兵祸，该书几乎全被焚毁，一些外国文化强盗和趁火打劫的古董商贩又借机拣选，掠去不少。得手后的外国人甚至说："将来中国遗失之文字，或在欧洲出现，亦一异事也。"经此浩劫，《永乐大典》所剩无几，后来被京师图书馆收藏的仅有 64 册，不及全书的 1%！

新中国成立后，国家对《永乐大典》等珍贵文化遗产极为重视，一些公私收藏家，也将自己珍藏多年的《永乐大典》散册捐献出来，苏联把沙俄和日本侵略者劫掠的 64 册归还我国，前民主德国也归还了 3 册，再加上上海图书馆所藏 1 册，国内计藏数为 217 册。1960 年中华书局影印了当时搜集到的 730 卷残本。后又陆续征集到 65 卷残本，至此，国内收藏卷数已占现存卷数约 800 卷的 99%。

《永乐大典》由于编纂人数众多，难免会出现前后体例不一，脱字衍文等问题，清代有的学者指责它"割裂庞杂"、"前后错互"。然而，瑕不掩瑜，《永乐大典》所具有的价值是任何古籍难以比拟的。

传国玉玺的下落之谜

玉玺是国家权力的象征，其自身也具有无比珍贵的价值。随着朝代的更迭，玉玺也经历了风风雨雨。秦始皇统一中国之后，为了显示其至高无上的权威而令玉工孙寿为其刻制了一枚国玺。国玺是以闻名天下的和氏璧刻成，玺方四寸，其上盘曲巨龙，李斯手书的"受命于天，既寿永昌"八个形如"龙凤鸟鱼"之状的篆字镌刻其上。

"玺"和"印"在秦汉之前并无尊卑之分。自秦始皇后，玺成为皇帝专用。因为它是用玉刻成的，所以国玺又称玉玺。

凭此玉玺秦始皇原想将皇位代代相传，没想到秦二世便亡国了。从此，这象征着至高无上权力的玉玺也便成为历代帝王争夺的对象。他们为这块玉玺而勾心斗角，互相厮杀。

在秦朝末期，刘邦进入咸阳，子婴在举行了投降仪式后将传国玉玺献给了刘邦。到了西汉末年，王莽篡权，他命其弟王舜进宫向其姑母孝元太后逼索传国玉玺。太后一怒之下将玉玺掷到地上，撞破了一角。王莽用纯金把撞去的一角补上。王莽失败后，传国玉玺落入东汉开国皇帝刘秀之手。东汉末年，十常侍作乱。汉少帝夜出北宫，却把传国玉玺丢失了。后来孙坚攻入长沙，在城南甄官井捞出一宫女尸体，从其项下锦

↑ 传国玉玺

襄中的一个金锁锁着的小匣子内发现了玉玺。孙坚死后，袁术拘捕了孙坚妻子而夺得玉玺。袁术兵败身亡后，传国玉玺落入曹操之手。西晋统一后，司马炎得到了玉玺。西晋灭亡之后，玉玺流落到北方十六国。后来，有人将传国玉玺献给了东晋皇帝。东晋灭亡后，玉玺被刘裕得到，开始在南朝宋、齐、梁、陈中流传。隋文帝灭陈后，获得传国玉玺。隋末，隋炀帝被宇文化及杀死，玉玺落入宇文化及手中。宇文化及兵败后，窦建德得到玉玺；窦兵败后，唐高祖李渊又得到玉玺。从此以后，玉玺在唐传了三百七十年。最后，玉玺被后梁皇帝朱温获得。梁之后，玉玺归后唐。公元963年，石敬瑭勾结契丹耶律德光攻打洛阳。后唐废帝李从珂见失败已成定局，便带着玉玺登玄武楼自焚了。传国玉玺从此便没了踪影。

随着时间的发展，一度失踪的玉玺据说又重现人间，并被元顺帝的后人博硕克图汗得到。元太祖成吉思汗的嫡系后裔林丹汗得知了这一消息，他认为这玺应属于他，便用武力把它从博硕克图汗手中夺了过来。后来玉玺又被皇太极用武力夺去。皇太极得到之后，才发现玺上刻的是"制诰之宝"，并非秦始皇的传国玉玺。但皇太极为了宣扬"天命所归"，对外仍称获得了传国玉玺，于是改"金"为"清"，建立了大清国。后来满清统一了天下，就将这颗假传国玉玺当成了清朝传国的宝物了。这是关于玉玺下落的第一种说法。

除此之外，还传说北宋时咸阳的一位农民耕地时发现一方玉印，上面刻着"受命于天,既寿永昌"八个字。当时的宰相蔡京得知这一消息后，拿来考证，最后宣称这就是秦始皇的传国玉玺。此事曾轰动一时。

后来这块玉玺被一位曾在美国侨居多年的国民党军官得到了。"文革"期间，这位军官要在澳门出售这块玉玺，香港的一位爱国人士得知这一消息后，表示愿收购这块玉玺捐赠给祖国。但经专家鉴定后说这方玉玺是赝品。此后也有一些关于玉玺下落的传说，但真实性都值得怀疑。

唯一能肯定的是，秦始皇的传国玉玺肯定尚在人间。因为据专家介绍，用来雕制传国玉玺的和氏璧是玉石中的"柱长石"，能耐一千三百度的高温，所以一般火焚化不了它。由此说来，说不定哪一天这方传国玉玺会真的重现人间。到那时，关于玉玺下落的谜团就会解开了。

"中国武术之祖" 是谁

自《少林寺》、《少林小子》等电影播放以来，少林武术名扬天下，尤其倾倒一批热血方刚的青少年。人们把达摩说成是少林武术的祖师爷。据说达摩在讲经说法时看到僧徒疲劳不堪的模样，便教授少林拳法以驱疲劳。在各种武术书里，也都把达摩说成是少林武术的创始者，甚至尊之为"中国武术家之祖"。在少林寺中，留有达摩许多遗迹、遗物。

例如，平佛殿前立有"达摩亭"，里面供奉着达摩禅师的神像；天王殿遗址西北角有明朝天启年间建立的"达摩一苇渡江"的石碑像；少室山山麓有"达摩庵"以及宋代蔡卞写的"达摩面壁之庵"石碑；少室山山顶有"达摩洞"，据说是达摩面壁九年的地方，现在还有"面壁石"痕迹……可见，达摩与少林寺有着不解之缘。

达摩，又名菩提达摩，天竺人（印度人），是西天佛教道统的二十八代传人，奉师命来中国传教，创立了中国化的佛教——禅宗。对于其生平、来华时间、逝世年代，甚至国籍，学界都有争论，不过一般还是肯定达摩的存在，承认他是中国禅宗的开山祖。

早期有关达摩传记的古籍里并无达摩与少林武术的记载，少林寺里的许多唐代碑刻既无少林寺僧众经常练武的记载，更无达摩传授武术或

↑ 菩提达摩祖师浮雕

与武术有关理论的情况。在达摩死后的一千多年，没有任何材料可以证明他传授过武术或有关武术的理论。

到了明代中后期，出版了一本署名达摩的武术著作《易筋经》。此书的序和跋中讲述了此书的来历：达摩在少林寺面壁九年，死后葬在熊耳山。他面壁之处开始损坏，僧徒们进行整修，挖掘出一个石箱子。打开石箱一看，里面藏有两本书，其中之一就是《易筋经》，是用天竺文写的。经西竺僧般刺密谛译出，僧徒们开始按此习武，诞生了少林拳这一流派的武术。从此，人们都相信达摩是少林派的老祖宗。

然而，近年来有人对这一传统看法提出质疑。有学者撰文中指出："少林武术起源于达摩"的说法站不住脚。因为中国从商周起就有了武术。"达摩传武"之说来自伪书《易筋经》，此书盗用达摩的名义，实际是明代紫凝道人宗衡伪造的。少林寺以武术著名于明代中期，它吸收了许多优秀武术拳种而形成。此文言之凿凿，但也只是一家之言。达摩究竟是否少林武术的创始人，中国武术同印度武术是否一脉相承等等依然迷雾一团。

敦煌遗书为何被封

　　20世纪初，冷冷清清的敦煌莫高窟再度为世人所瞩目，因为看管这个地方的一个姓王的道士从中发现了大批的经文和绢画。

　　作为中国汉唐时期中原与中亚、南亚以及西方交通的重要通道的敦煌是著名的"丝绸之路"上的一颗璀璨的明珠，是东西方文化交流的汇合点。随着商路的开通，一批批的宗教信徒，一批批的宗教经典纷纷云集在敦煌。那里曾是一个繁荣的宗教圣地。宋代以后，由于海上丝绸之路的开通和发达，曾经十分辉煌的敦煌逐渐为人所忘却。王道士发现的这些所谓"古董"就是"敦煌文书"或"敦煌遗书"，其内容包括佛教、道教、景教、摩尼教等宗教文献，有官私文书，有儒学经典，还有藏文等现已成为"死文字"的多种文字写本，是公元5—11世纪敦煌繁荣的历史见证。如此丰富的文书是何时被封上的？又是因何原因而被封的？这些问题从藏经洞被发现至今，一直是一个谜。

　　有人持"废弃说"，认为洞中的文书是被敦煌各寺院集中在一起的废弃物；还有人持"避难说"，认为洞中的文书是因为避免战乱而被有目的地藏起来的。

　　主张"废弃说"的代表人物是斯坦因。他是第一个来掠取这批宝物

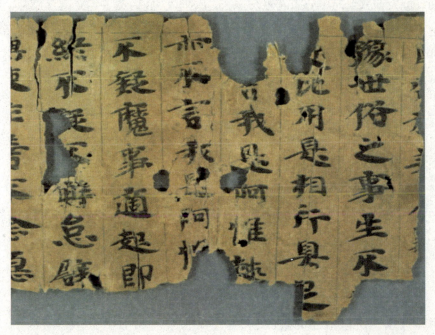

↑　敦煌遗书残片

　　的外国人。他对其中的物品进行研究，发现这些写本和绢画及佛教法器等，都是宗教用品，但都是当时敦煌各寺院中的废弃物，因为具有神圣性，是不可随意毁弃的，于是，宗教人士就把这些没多大用处的东西集中在一起，保存起来。同时，根据所见到的写本和绢画上所题写的时间最晚是 11 世纪初，斯坦因断定这个藏经洞封闭于 11 世纪初。主张"废弃说"的还有日本学者藤枝晃。但他认为废弃的原因是随着中国印刷术的发明，印刷的佛经取代了卷轴装的佛经；因为图书馆的重新布置，所以原来的卷轴佛典遭到废弃，时间是在公元 1002 年以后不久。

　　　主张"避难说"的代表是法国人伯希和。他是一位汉学家。他认为这些文物是为了避免当时的战乱而被封起来的。在唐代"安史之乱"期间，驻扎在敦煌的军队被调入内地平定叛乱，生活在青藏高原的吐蕃乘机占领了敦煌。唐宣宗时，敦煌一带的人民建立归义军举行起义，摆脱了吐蕃的控制。此后，敦煌又一度被沙州的回鹘占领。公元 1036 年党项攻占敦煌，随后又被沙州回鹘赶走，在公元 1068 年又被党项建立的西夏占领了。伯希和认为在第一次党项攻打敦煌时，为避免兵灾，人们匆忙将这些东西堆入洞中，封了起来。所以藏品的堆放也没有一定的顺序分类。

↑　敦煌古城

　　至今这两种说法都没定论，只能待以后学者们做更多的研究来确定了。

Part 2
中国文学

《诗经》的魅力

"关关雎鸠，在河之洲。窈窕淑女，君子好逑……"

《诗经》这部我国最早又一直受着人民喜爱的诗集，问世两千五百多年来，保持着千古不朽的艺术魅力。几乎每一部文学史都认为，这是一部集乐师所采民间歌谣，巫、史等职官所作，公卿列士所献的诗歌总汇。

对《诗经》的篇章作者、主题、诗意等多有争议。比如《关关雎鸠》这首开篇诗，有认为它歌颂了"君子"与"淑女"的美满婚姻、感情和谐，也有认为它是一幅活灵活现的"君子"求偶图。对《伐檀》这首名篇——"不稼不穑，胡取禾三百廛兮？……彼君子兮，不素飧兮"，有认为它喊出了劳动者对剥削者的愤懑，也有认为它反映了劳动分工、商品交换，并无对不劳而获的怨愤。又如《七月》一诗，多写农事，有认为它系周公所写，也有认为为奴隶们集体创作。所有争议都没有否定这部不朽诗集是不同阶级、不同阶层人们在不同地域、不同场合所作，而又经乐师、儒者特别是孔子的整理。

台湾师范大学教授李辰冬对此定论提出异议，认为《诗经》是周宣王三年到幽王七年五十年间（公元前825—前775年）南燕人尹吉甫一人所作，是他的个人诗歌专集。

　　这一惊人之论的依据是，诗三百的形式有点像民歌，实际上，作者是用民歌形式表达他的内心，并不是真正的民歌。民歌无个性，而诗三百篇篇有个性。"所谓个性，这就是每篇都有固定的地点、固定的时间、固定的人物、固定的事件。"李辰冬推断，诗三百实际上有多个统一：地理的统一、人物的统一、时代的统一、史事的统一、题材的统一、名物的统一、诗句的统一、风格的统一、声韵的统一、起兴的统一、人格的统一，是一部活生生的宣王复兴史与幽王亡国史。他并用统计法找到尹吉甫随周王出征的证据。

　　我们知道，《诗经》有些篇章，标有作者的名字，其中有西周贵族尹吉甫。例如，《大雅》中的《崧高》有"吉甫作诵"句。又如《小雅》

← 《诗经》图文本书影

中的《巷伯》标明作者为"寺人孟子"。

据《诗经》专家考证，诗三百最初的编集者是周王廷的乐官太师，这些诗分为国风、大雅、小雅、颂四个部分。二雅除个别例外都是西周诗，多半是贵族作品，产地是西周五畿。颂是活着的贵族子孙对死去的贵族祖宗的祭祀的乐歌。颂诗中《周颂》最早，全是西周作品；《商颂》是公元前七八世纪之间宋国的作品；《鲁颂》是公元前7世纪鲁国的作品。国风则是各国乐师采风、收集的民间歌谣。农事诗《豳风》中的少数歌谣（例如《七月》）表现了比同期雅、颂更高的文学技巧，可能由于它们被记录、传播较晚，在流传过程中不断被加工润饰。这就是说，诗三百在地理、人物、时代、史事、题材、名物、诗句、风格、声韵、起兴、人格诸方面并不统一，是典型的"集体创作"。

《春秋》是不是孔子所作

　　《春秋》是流传下来的迄今为止我国最早的一部编年体史书，也是儒家的主要经典。人们谈论《春秋》时，往往提到孔子。但《春秋》到底是不是孔子所作？人们对此有不同的看法。

　　一种观点认为，《春秋》就是孔子所作。它最早由孟子提出来。孟子认为，春秋时社会动荡，各种邪说暴行屡屡出现，"孔子成《春秋》而乱臣贼子惧"。现代学者指出，孔子之所以作《春秋》，一是因内乱，一是因外患。孔子作《春秋》以正名分，给诸侯、大夫以严正的褒贬，从心理上来钳制他们，以安定天下的秩序，恢复周王室的政治权力，同时达到"尊王攘夷"的目的。

　　另有一种观点认为，《春秋》不是孔子所作，不过是由孔子整理而成。有的学者指出，孔子是我国历史上第一个创办私立学校的教育家。他为了能更好地讲学，搜集鲁、周、宋等各国文献，重加整理编次，形成《易》、《书》、《诗》、《礼》、《乐》和《春秋》六种教本。孔子对它们的内容虽有删节，但态度是"信而好古"，也就是尽量保持原有的文字，包括原来的史事内容和表达风格。

　　司马迁在《史记·孔子世家》中说："子曰：'弗乎弗乎，君子病没

←　司马迁认为《春秋》
　　并非孔子所作

世而名不称焉。吾道不行矣，吾何以自见盱后世哉？'乃因史记作《春秋》，上至隐公，下讫哀公十四年，十二公。"据此说法，孔子是根据各诸侯国的史官记载略加修改，编写成一部简要的史书。《春秋》中的一些字句都是沿用以前史官的写法，并非孔子的创造。

　　还有一种观点，认为孔子根本没有著作或删订《春秋》。"五四"以后，钱玄同主张此说。他认为，"六经"，即《诗》、《书》、《易》、《礼》、《乐》、《春秋》并没有孔子改动的痕迹。《春秋》应是鲁史旧文，其中如"郭公"、"夏五"之类，都保存了原来的缺简，只不过在长期转写、流传中，难免会有改动。他们又举出《论语》作为例子，说《论语》载孔子生平言行甚详，其中论《诗经》的最多，但对于《春秋》却一字未提：孔子时代《春秋》还是鲁国秘藏的国史，孔子不可能也不必要对这本秘藏的国史进行改编。

有的学者则根据《春秋》记载孔子生年和卒年，认为孔子修《春秋》的说法是不能成立的。因为他不会自称"孔子"，又不能写出自己的卒年。孔子只是曾经把《春秋》作为教材而已。经孔子一用，《春秋》便逐渐流传到了民间，然后再由孔门弟子一代一代地传述下去。《春秋》不是一时而成或出于一人，而是由鲁国史官们在两百多年时间里陆续编纂而成，从而出现了一些前后风格、笔调不太一致的地方。

以上三种说法各有道理，谁也不能彻底说服谁，遂成文史上的又一桩公案。但不论《春秋》是否为孔子所作，都不会削弱《春秋》作为古籍的不可估量的研究价值。

《国语》是左丘明著的吗

　　《国语》是我国最早的一部国别体史书，共有二十一卷，分别记载了西周末年和春秋时期周、鲁、齐、晋、郑、楚、吴、越等八国的史事。这部书以记述人物的言论、对话为主，其中有不少脍炙人口的历史故事。如召公谏厉王止谤（《周语》）、勾践卧薪尝胆终于灭吴（《越语》）、管仲帮助齐桓公称霸（《齐语》）等等，被后人传诵。《国语》不仅对研究春秋战国时期历史有重要价值，其生动幽默的语言也对后世文学产生了积极的影响。但《国语》的作者是谁历来是各位学者争论不休的话题。

　　西汉大史学家司马迁说"左丘失明，厥有《国语》"（《报任安书》）。东汉史学家班固也说，左丘明在写完《左传》之后，"又纂异同为《国语》"（《汉书·司马迁传》）。三国时吴人韦昭在为《国语》作注释时，在序文中也认为《国语》为左丘明所作。唐代史学家刘知几也持有同样的见解，认为"《国语》家者，其先亦出于左丘明"（《史通·六家》）。但在刘知几之后的唐代大文学家柳宗元首先提出了相反意见。他写有《国语》二篇，否定左丘明为《国语》作者。从此，宋人刘世安、吕大光、朱熹、郑樵，直至清人尤侗、皮锡瑞等，也都对左氏作《国语》的说法产生了怀疑。

　　在现代学者中，对这个问题的认识分歧依然存在。有人认为：《左传》、

《国语》"此两书其中大部分史料都应出于左丘明的传授。古代学术，最重传授系统，谁是最初传授者，谁就是作书的人"。有人认为："《国语》是左氏编纂的。司马迁《自序》里说过'左丘失明，厥有《国语》'。"

但也有不少人不同意上面的说法。王树民认为："《国语》和《左传》以不同的形式叙述了基本上同时期的史事，这一点很受世人的重视。自从《左传》为经学家所尊奉，于是《国语》也称为《春秋外传》，并说为左丘明所作，其说实无根据。"有人认为："《国语》是一部汇编之书，它仅仅反映了春秋时期的八个国家，其中每个国家所记史事详略不同，写法也不相同，不像出自一个人的手笔……《国语》的成书年代也已不能确定，大致是在战国初年，各篇先后有所不同。"

↑ 史坛巨匠左丘明

由于双方若要说服对方，都还必须更深入地考证左丘明的确切生活年代及事迹，还要更加详细地对比分析《左传》、《国语》在记载史事方面的异同，包括书法体例、语言风格、思想观点等等。探究《国语》的作者究竟是谁成为史学界的一大难题，也将成为提高《左传》和《国语》研究水平的一个重要环节。

《孙子兵法》之谜

　　《孙子兵法》相传是春秋末期齐国人孙武所著。全书共分十三篇：计篇、作战篇、谋攻篇、形篇、势篇、虚实篇、军事篇、变篇、行军篇、地形篇、地篇、火攻篇、用间篇，深刻地揭示了战争的规律，全面地论述了战争制胜因素。该书阐明了孙武"知己知彼，百战不殆"、"不战而屈人之兵"、谋攻取胜、出奇制胜、审时度势、正确决策、因势利导、主动性与灵活性相结合的战略思想，不仅对我国而且对世界现代军事战争都有深远的指导意义。《孙子兵法》被世界公认为"兵学圣典"，孙武本人也被称为"兵圣"、"东方兵学鼻祖"。

　　人们一方面对《孙子兵法》推崇备至，一方面也产生了疑问：《孙子兵法》的作者真的是孙武吗？

　　《史记·孙子吴起列传》详细记述了孙武以兵法十三篇进谒吴王，令吴王阖闾赞叹不已。孙武被拜为将军，整肃军队，全面迅速地提高了吴军的战斗力。于是，吴国西伐强楚，北威齐、晋，南服越人，称霸中原。千百年来，大多数人一直认同这个史实。

　　但是，宋朝陈振孙、叶适，清代姚际恒却把《孙子兵法》定性为伪书，否认兵书的成书年代及兵书的作者，原因如下：

一是《左传》成书春秋，早丁汉代《史记》，然而，《左传》记述阖闾征战大事并未提及孙武之名，可见，春秋时未必有孙武其人。

二是《史记》除记载孙武用兵，也记载了孙膑用兵事例，清楚地谈到《孙子兵法》，模糊地叙述孙膑兵法理论。是否把二人兵书混为一谈？也许《孙子兵法》的真正作者是孙膑。

三是《孙子兵法》使用了春秋末期不适用的词语或不存在的情况，因此，此兵法可能是后人伪造，假托孙武之名。例如：春秋时期，仅称大夫为主，而兵法却屡称国君为主；春秋各国征战，规模不大，大的战役也不过兵车几百辆，而兵法却提到兵车千辆，军士十万人，描写的应是战国时期的战争规模。春秋时代，国君经常亲征，与将帅一起带兵打仗。并未有兵书所述："将在外，君命有所不受"的情况。再有，兵书曾提及"矢弩"。而"弩"是战国时代才发明的兵器，春秋时期，"弩"并不存在。"谒者、门者、舍人"都是战国时的官名，春秋时都不存在。但兵书却在用它们。因此，人们怀疑《孙子兵法》是战国之人所作。

有一些学者坚持《孙子兵法》确系孙武所著，《汉

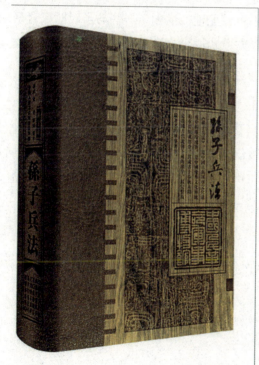

↑ 《孙子兵法》书影

书·艺文志》就把兵书作者分得十分清楚:《齐孙子》(孙膑),《吴孙子》(孙武)。司马迁以治史严谨著称,怎么会搞混孙武和孙膑?《左传》偶有遗漏孙武之事,也有这种可能性。至于《孙子兵法》出现了一些后世才有的文字,极有可能是后人编录中增加进来的。但丝毫掩盖不住原著的思想光辉,更改变不了原著作者是孙武这个事实。

也有学者认为《孙子兵法》应为孙武及其门徒共同撰写。孙武协助吴国,壮大军力,成为中原霸主之后,隐退乡下教书授徒,孙武一边传授自己的军事思想,一边总结完善《孙子兵法》。众门徒一边学习军事理论、技战术方法,一边帮助孙武整理抄录兵书。经过几代门徒共同努力,使《孙子兵法》内容更加充实丰富,体系更加科学完整。但是,随着时间的推移,历史的变迁,兵法不可避免地被增删了一些与当时时代背景不符的文字,白璧添瑕。可这并不影响原著的精神实质。孙武博大精深的军事思想体系没有任何改变。《孙子兵法》为孙武所著的事实千真万确。

1972年2月,考古工作者在山东银雀山一号汉墓发掘出一批竹简,发现了迄今为止最早的《孙子兵法》和《孙膑兵法》。证明了孙武、孙膑两个著名的大军事家的军事著作确实存在。虽然考证出了墓葬年代为西汉初年,但不能确定《孙子兵法》成书的年代,也无法证明孙子就是孙武。

《离骚》是屈原所作吗

《离骚》是我国古代诗歌史上最长的一首浪漫主义的政治抒情诗。它神奇浪漫，文辞优美，感情真挚，充满了爱国主义精神。这部伟大的作品，抒发了作者屈原强烈的正义感和追求真理的决心，具有极高的文学成就。但有人却提出疑问，认为屈原不是《离骚》的作者。这是怎么回事呢？

屈原，姓屈名平，单字"原"，是战国末期楚国杰出的政治家、思想家。屈原出身贵族，学识渊博，善于作诗、写文章。又是楚王同宗亲族，年纪轻轻就做了楚国左徒。他研究政务、法令，接待各国使臣、才智过人，深受楚王信赖。

战国中后期，七国的争斗更加激烈。强大的秦国吞并六国的野心，昭然若揭。屈原看到楚国向衰落走去，积极主张政治改革，变法图强。他对外主张联合齐、魏、赵共同抗秦。遭到守旧贵族的反对和陷害，被昏庸的楚怀王降贬为三闾大夫。屈原眼睁睁看着危难中的祖国却无力挽救。

纵横家张仪替秦国效力，以"连横"之计逐个击破六国"合纵"之盟。张仪看到楚怀王愚蠢贪婪的品性，就用割秦地六百里的谎言诱使楚国上当，断绝齐楚联盟。楚国发现受骗后，攻打秦国惨败，又失去汉中土地。

↑ 屈原故里

屈原看透了秦国吞没楚国的虎狼之心，屡次力谏楚王，均被拒绝，又遭罢逐。后来，怀王听信张仪谎言，武关会盟，遭受软禁，客死秦国。

楚顷襄王继位后，打击迫害忠直大臣，信任公子兰等阴谋家，竟把屈原流放到汉北。屈原看到老百姓穷困潦倒的生活，想到将要降临他们头上的亡国灾难，想到楚国的宗庙将被秦人夷平，不禁忧心如焚。他空有报国之才，却不得施展，谁能挽救可怜的楚国呀？

他把自己的忧思写进了长诗《离骚》中："哀民生之多艰兮，长太息以掩涕。"意思是说：我哀叹人民生活那么艰苦啊，禁不住掩面哭泣，热泪长流。屈原在痛苦悲伤中，又写下《天问》、《九歌》、《九章》等不朽诗篇。

公元前278年，秦国派大将白起攻占楚国郢都，顷襄王逃到陈城。

屈原知道楚国灭亡之日近了,不禁悲痛欲绝。五月初五日,他怀抱大石头,沉入汨罗江。伟大的爱国诗人屈原,就这样以死殉国了。

可是,后世却怀疑《离骚》并非屈原的作品。清末四川人廖平在《楚辞新解》中认为,没有屈原这个人。他翻《楚辞》收录的屈原作品,认为多半是秦博士的仙真人诗。现代又有人认为,《离骚》是西汉淮南王刘安的作品。刘安好读书,喜音律,擅文辞,曾受汉武帝命,作《离骚传》。荀悦《汉记》和高诱《淮南子叙》也都肯定淮南王刘安作了《离骚赋》。从内容看,刘安的《离骚赋》,就是今本《楚辞》中的《离骚》。

大多数人坚持认为《离骚》确是屈原所作。首先,史书肯定此事。司马迁在《史记·屈原贾生列传》中提到屈原赋《离骚》,又在《报任少卿书》中谈起其事;《汉书》的《贾谊传》也肯定了《离骚》的作者是屈原。后世史学家又对《离骚赋》进行分析,认定它是对《离骚》加以评价的文章。因为《汉书·淮南王安传》说,刘安"旦受诏,日食时上"。早晨开写,中午就完成数千字的抒情长诗,怎么可能呢?如果对《离骚》进行一些评价、赞美,一上午还是可以完成的。

《战国策》的作者是谁

　　《战国策》是我国古代记载战国时期政治斗争的一部最完整的著作。它实际上是当时纵横家游说之辞的汇编，而当时七国的风云变幻，合纵连横，战争绵延，政权更迭，都与谋士献策、智士论辩有关，因而具有重要的史料价值。该书文辞优美，语言生动，富于雄辩与运筹的机智，描写人物绘声绘色，在我国古典文学史上亦占有重要地位。然而，认定该书的作者却说法各异。

　　《隋书·经籍志》称"刘向录"；《旧唐书·经籍志》称"刘向撰"；《新唐书·艺文志》称"刘向撰《战国策》"；《四库全书总目提要》称"刘向裒合诸记，并为一篇"；顾广圻则谓"《战国策》实（刘）向一家之学"。这些古籍都把《战国策》的编纂或著作权归于西汉的刘向。

　　但是，刘向本人却并不承认。他在《战国策·叙录》中说："所校《战国策书》，中书余卷，错乱相糅莒。又有国别者八篇，少不足。臣向因国别者略以时次之，分别不以序者以相补，除复重，得三十三篇。……中书本号，或曰《国策》，或曰《国事》，或曰《短长》，或曰《事语》，或曰《长书》。臣向以为战国时游士，辅所用之国，为之策谋，宜为《战国策》。"刘向只承认把游士的著作汇成一集，起名《战国策》而已。

《战国策》作者这一疑点存在了两千年。近代学者罗根泽的《战国策作于蒯通考》出版后，才对《战国策》的作者提出了新的假设。蒯通系秦汉之际的纵横家，曾劝说范阳令归降陈胜起义军，又建议韩信攻取齐地，劝韩信背叛刘邦而自立，汉惠帝时为丞相曹参宾客，著有《隽永》八十一篇。

其理由是：第一，《史记·田儋列传》："蒯通，善为长短说，论战国权变，为八十一首。"《战国策》正是"论战国权变"之书。第二，《战国策》原名《短长》、《长书》，而蒯通正是"善为长短说"之人。第三，

← 刘向

《战国策》迄于楚汉之争时，而蒯通曾在楚汉之际游说韩信，在时间上吻合。故唐司马贞《史记索隐》曾说，《战国策》亦载蒯通游说韩信的言论。第四，古代私家著作往往没有统一的书名，如《论语》书名，定于汉初；《史记》在汉时称《太史公》或《太史公记》等。《战国策》初期亦无定名，至刘向时方才为之定名。第五，《战国策》又名《隽永》。《汉书·蒯通传》："通论战国时说士权变，亦自序其说，凡八十一首，号曰隽永。"《隽永》即惰长，亦即《短长》、《长书》、《惰书》之谓，《隽永》当为蒯通对该书的自名。因此，罗根泽的结论是："《战国策》始作者为蒯通；增补并重编者为刘向；司马贞所见是否即刘向重编本不可知，今本则有残阙矣。"此说一出，争辩更为激烈。

20世纪70年代初，长沙马王堆汉墓出土了帛书《战国纵横家书》。此书对于考证《战国策》的作者，又提供了新的思路。该书许多部分与《战国策》相同或类似，但体例详略不一，而以记载苏秦一生的言论为主，很可能是《汉书·艺文志》中提到的《苏子》一书的辑录。但该书的最后一部分，又为各种游说故事的辑录，大都与《战国策》相同，而全书的最后年限则为秦国攻楚，似成书于秦汉之际。这样，对于《战国策》成书于蒯通的说法，又增加了一层迷雾。

《战国策》在我国文学史上有着不可替代的作用，但它的作者之谜虽经多方破解，仍不能给人们一个确定的答案，有待于后人的进一步努力。

班昭续写过《汉书》吗

　　班昭,名姬,字惠班,扶风安陵人。因其嫁于一曹姓人为妻,故又名"曹大家"。班昭之父班彪是东汉有名的学者,其长兄班固是杰出的历史学家,其次兄班超为东汉名将。班昭生于仕宦之家,又聪明勤奋,对儒家经典和各种史籍均耳熟能详,并积累了大量的历史、天文及地理方面的知识。作为东汉时期著名的史学家,她在史学方面的贡献和成就,是举世公认的。但是,围绕着她是否续过《汉书》,后人却颇有争议。

　　《汉书》是我国古代继《史记》之后的第二部完整、系统、全面的断代史。西汉司马迁写的《史记》只记述到汉武帝太初年间为止,而此后的一百多年间西汉帝国的从盛至衰的历史,却没有持续写。班昭之父班彪有志于此,历时多年,根据广泛的前史遗事和大量的档案资料,写成了《史记后传》,即《汉书》的前身。但壮志未酬,便死去了。班昭之兄班固继承父业,又费时二十余载,终于著成了《汉书》的大部分,使初稿初具规模,但是,也因窦宪事获罪,不幸死于狱中,成为终生之憾。

　　那么,《汉书》是怎样定稿,最终得以成书的呢?

　　后人的说法有二。

　　一是认为班昭整理并最后撰成《汉书》。

← 汉代才女班昭

比较流行的说法是，班固死后，和帝命班昭到"东观藏书阁"，继续完成《汉书》的编撰工作。她在这里参阅了大量的古代典籍和当代的历史记录，将《汉书》的初稿逐篇进行整理、校对和审核，并续写了其中的《八表》和《天文志》两篇。据说，后来马续又协助班昭撰述了《天文志》。

二是否认班昭续写《汉书》。

有人据《后汉书》和《史记·天官书》等史籍考证，认为《八表》和《天文志》并非由班昭、马续续补。他们认为，《汉书·天文志》是沿用了《史记·天文志》的内容，工程不大，且只增补了武帝以后的一些天象变化，班固殚精竭虑二十年，根本用不着由其他人来续写。况且，

《后汉书》本传上，找不到马续述《天文志》的内容，故推断班昭、马续并未续写《汉书》。

有人据《宋书·百官志》和《后汉书·班固传》考证，认为，《汉书》是一部完整的作品，是班固一手完成的。指出《八表》中的《古今人表》和《百官公卿表》两表，前人已指明为班固原著。《后汉书·班固传》也说，"固自永平中始受诏，潜精积思二十余年，至建初中乃成"，肯定了整部《汉书》均由班固一人完成。另外，在班固本人完成《汉书》后的总结中，曾自述为春秋考纪、表、志、传凡百篇……即该书百篇之著，皆班固所作。

还有人把《汉书》中的《八表》和《天文志》两篇风格与班昭的《女诫》相比较，认为文笔大相径庭。前者与《汉书》中其他各篇的文体、语法如出一炉，而且历代注家对《汉书·八表》、《汉书·天文志》为班固原著皆无异议。可以说，班昭等续《汉书》一说不成立。

另外，有人又从时间上推算，班固是在《汉书》初稿写成后十年死于狱中的，即使书中部分表、志未及完成，那么此后十年间，班固完全可能从容补作，不必由后人补续。

上述两种说法虽争论不休，但对班昭确实为撰写、修改、润色《汉书》方面下的苦功，出的大力，都无异议。据说，《汉书》完稿后，人们多不能完全理解，于是，班昭成了唯一通晓《汉书》的权威。当时的达官贵人都拜她为师，听她阐释，尊称其为"大家"，意即有学识，品性好的女子。班昭无愧于我国古代历史上著名女史家的称号。

沈括与《梦溪笔谈》

　　沈括，字存中，北宋钱塘人。他自幼跟随为官的父亲游历南北各地，获得了不少见闻。二十四岁荫袭父业，开始做官，又到了很多地方，对社会有了进一步的了解。他曾经在昭文馆编校图书，阅读了大量藏书，获得了丰富知识。他在为官时，只要有机会就结合实际进行科学研究，五十八岁隐居后，更集中精力从事科研和写作，他在晚年撰著的《梦溪笔谈》，包括天文、历法、气象、地理、化学、物理、数学、地质、生物、医学、绘制、史学、考古、文学、音乐、绘画等方面，计二十六卷，还有《补笔谈》三卷，《续笔谈》一卷，共三十卷，六百零九条，可以说是一部多学科的百科全书。

　　在许多学科中，沈括都有深刻的研究和独到的见解，许多问题解释得都很准确，有的提法是他首创的。

　　如在地质方面，他发现雁荡山诸峰峭拔险怪，耸立千尺，穿崖巨谷，环抱其间，认为这是由长期谷中大水的冲击，带走了泥沙，导致的特殊地貌。这一科学论断，要比英国的近代地质之父郝登的同一见解早六百多年。他在太行山中发现许多石壁上有海里动物螺和蚌的壳及鹅卵石，用推想的办法认为在太古时期这里曾经是海岸，是由于海陆变迁遗留下来的痕迹。

如在天文方面,他指出月亮本身是不会发光的,而是借用太阳光的照射反映出来的。月亮的圆缺,也是由于太阳光照射的方位不同而产生的。在历法方面,他还提出修改旧历(阴历),使用新历(阳历)的建议,可惜没被宋神宗采纳。现在英国统计农业季候和生产所用的"兰讷伯历",跟沈括的新历原理基本相同。

在气候学方面,沈括提出了新的看法。他看到平原上的桃树在三月开花,可是深山里的桃树四月才开花,这究竟是什么缘故呢?经过反复思考,他得出了地势、气温同开花的时间有关的道理。

在矿物利用方面,他是最早发现石油的人,而且"石油"这个名称就是由他给起的。他在西北地区做官的时候,发现当地人用石油点灯,他就把油烟扫下来一层做成了"油烟墨"。他指出,"石油至多,生地中无穷,不著松木有时而竭"。他预言"此物后必大行于世"。

他还发现我国古代发

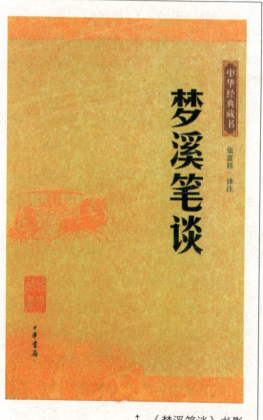

↑ 《梦溪笔谈》书影

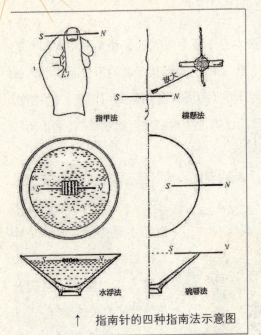

↑ 指南针的四种指南法示意图

明的指南针使用起来很不方便，就提出了四种简便的方法：水浮法、指甲旋定法、碗唇旋定法、缕悬法，其中以缕悬法最为适用于航海事业。就是将磁针用细丝悬吊起来指示方向。他还发现指南针所指出的方位并不是正南方，而是略偏于东，这在今天的物理学中叫做"磁偏角"。这比哥伦布的发现早了四百年。

对奇特的自然现象，研究不出道理的，他则记载下来，便于后人探讨，他在《梦溪笔谈》中记载了天空中出现的不明飞行物。"嘉祐中，扬州有一珠甚大，天晦多见。初见于天长县陂泽中，后转入甓社湖，又后在新开湖中，凡十余年，居民行人常常见之。余友人书斋在湖上，一夜忽见其珠甚近，初微开其房，光自吻中出，如横一金线。俄顷忽张壳，其大如半席，壳中白光如银，珠大如拳，灿然不可正视，十余里间林木皆有影，如初日所照，远处但见天赤如野火，倏然远去，其行如飞，浮于波中，杳杳如日。古有明月之珠，此珠色不类月，荧荧有芒焰，殆类日光。崔伯勋曾为《明珠赋》。伯勋，高邮人，盖常见之，近岁不复出，不知所往。樊良镇正当珠往来处，行人至此，往往维船数宵以待观，名其亭为玩珠。"这颗能发光能飞行的珠是不是一个飞碟呢？以沈括对科研的严谨态度，这个记载不会是杜撰的。

他很重视许多民间的发明家和改革能手，不仅记录了他们高超的技艺和智慧，同时还为这些名不见经传的平民百姓树碑立传。如活字印刷的毕昇，河工高超，建筑师喻浩等。

他对医术和药品知识也很重视，不但整理了前人的成果，还指出古代药典中的失误、错误的地方。他对药用植物的名称、形态、功能等都一一重新加以论证，更正了一些前人贻误之处。

特别值得一提的是，沈括还是位杰出的爱国主义学者。1075年，辽国向宋朝提出了强烈的领土要求，局势相当紧张。宋廷初派韩缜为使交涉，双方争执不下。后改派精通地理的沈括为使到辽营谈判，大家都担心他有被辽方扣留的危险。宋神宗问他："敌情难测，设欲危使人，卿何以处之？"沈括回答说："臣以死任之。"他首先收集了许多地理资料，并叫随从的官员背熟，对辽方提出的边界问题，沈括及其属下对答如流，有凭有据，使敌人哑口无言。经过六次激烈的谈判，最后获胜而归，暂缓了北方边界争端。在回来的路上，沈括还把敌境内的山川险易，道路曲直，绘成《使虏图抄》献给朝廷，作为抵御辽国的参考。后来，沈括坚持十二年，完成了当时最准确的一本全国地图——《天下郡国图》，献给朝廷，供经邦治国之用。

《金瓶梅》的真正作者是谁

　　《金瓶梅》是我国小说史上第一部以现实社会和家庭日常生活为题材的长篇小说。该书初刊本名为《金瓶梅词话》。书中借《水浒传》中恶霸西门庆私通潘金莲的故事为开端，刻画了李瓶儿、春梅、吴月娘、李娇儿、孟玉楼、孙雪娥、应伯爵、陈敬济等一大批栩栩如生的人物，全面暴露了明代中期封建统治的腐朽黑暗。

　　该书思想性和艺术性都达到较高水平，但因宣传宿命论和色情描写过多，被列为禁书。作者署名"兰陵笑笑生"，把真实面目掩藏起来，令世人苦思不得其解。它的真正作者是谁呢？

　　一说是明朝嘉靖年间的文史学家王凤洲（字世贞）。相传王凤洲父亲王忬原是明代巡抚，奸臣严嵩得知王家有古画《清明上河图》，就强迫王忬献画。王忬把摹本代替真品献给了严嵩，却被江右巡抚唐荆川识破为赝品。严嵩恼怒不已，以滦河失事为由将其杀死。

　　王凤洲为报父仇，几次派人去杀唐荆川，都因防护极严而不能得手。有一次夜里，唐荆川在书房读书，忽然有刺客从后面拽住他的头发，把刀架在他的脖子上。唐荆川恳求刺客让他写封遗书给家人，刚写几行字，笔头就脱落了，唐荆川把笔管伸到蜡烛旁烘烤，假装修笔。谁知笔管藏有毒箭，受热发射，刺穿刺客咽喉。

王凤洲十分失望，再想办法替父报仇。王凤洲得知唐荆川看书时，常用手指沾唾沫翻书页，就花费三年工夫写就奇书《金瓶梅》，把严嵩之子严世蕃作为西门庆的原型，隐射了严世蕃作恶多端、招致暴死的丑恶下场。严世蕃小名叫"庆"，西门庆也叫"庆"；严世蕃号"东楼"，该书就以"西门"对之。王凤洲写成此书后，把毒液洒在书边角上。等到唐荆川坐车出门时，王凤洲让人拿书到街上叫卖："看天下第一奇书！"唐荆川素爱读书，听见喊声就接书细瞧，越看越入迷，爱不释手。唐荆川蘸着唾沫把书翻了一遍，毒发身亡。这个故事后来成了"寓意说"、"苦孝说"的根据，王凤洲被许多人认为是《金瓶梅》的作者。

然而，1932年在山西省发现的《金瓶梅词话》，书前刻有"欣欣子序，兰陵笑笑生作，明万历四十三年"字样。由于此种版本成书最早，引起了史学家的关注。吴晗首先发表文章《〈金瓶梅〉的著作时代及其社会背景》，通过剖析《清明上河图》与王氏家族的关系，得出历史上的王凤洲之父王忬并非献假图受害的结论。吴晗还从书中大量运用山东方言这一特点着眼，认为王凤洲虽在山东做官三年，但要如此熟练地运用山东方言是不可能的。因此，王凤洲不会是《金瓶梅》的作者。同时代的文史学家王

↑ 《金瓶梅》插图

采石、赵景深等人也撰文赞同吴晗的意见。那么，这个"笑笑生"是谁呢?

一说是屠隆。众多研究者分析认为，《金瓶梅》成书时间为明朝万历十年至三十年间，该书作者是熟悉京城官场路数，通晓纵欲享乐，看透世间万象，仕途不顺又有深厚文学功底之人。明朝万历年间文学家屠隆正与此情况相符。屠隆祖籍江苏武进，而"兰陵"即在江苏常州西北。万历十二年，屠隆在京师被人揭发与西宁侯纵淫而罢官，他看清了世事险恶，更加纵情声色，玩世不恭。屠隆的经历正有利于写出《金瓶梅》这种揭露腐朽黑暗的明朝统治的现实小说。屠隆对人欲的认识是"既想治欲，又觉欲根难除"，他还认为文学作品可以"善恶并采，淫雅杂存"，这与《金瓶梅》中对色情的由衷欣赏和过多描写极为吻合。屠隆还在他的《开卷一笑》中用过"笑笑先生"的笔名，让人们不由得联想起"笑笑生"这个名字。研究者们推测屠隆很可能是《金瓶梅》的真正作者。

一说是民间艺人集体创作。有些研究者提出《金瓶梅》是由许多民间艺人参与、整理而成的作品。它原本叫做《金瓶梅说唱词话》，后来又改作《金瓶梅词话》，虽保留了词话名称，但已失掉词话的风格，演变为小说。因为是众多人所作，因此作者署名采用集体化名"兰陵笑笑生"。还有人推测《金瓶梅》也像《水浒传》、《西游记》那样，先在民间流传，后经人整理出版，这个编写者就是李开先。李开先的生平经历和对市井文学的纵深研究，都是他写作《金瓶梅》的基础。

Part 3
中国名人

孔子是否诛少正卯

　　孔子，我国古代著名的思想家、教育家、政治家。作为儒家学派的创始人，孔子提出了一整套以"仁"为核心的伦理思想，他的"仁、义、礼、智、信"规范了做人的基本准则。但是，在诸侯争霸，社会动乱的春秋时代，孔子的"仁政"学说显得苍白无力，其政治主张不断碰壁，政治抱负难以施展。孔子五十一岁时，始任鲁国中都宰，后升迁为大司寇。齐、鲁夹谷盟约，孔子被鲁定公指定为相礼，即鲁摄相。

　　可是，孔子任摄相仅七日，便诛杀鲁大夫少正卯，人们都万分惊讶。历史上是否真有其事？

　　《荀子·宥坐》记载：孔子为鲁摄相，朝七日而诛少正卯。门人进问曰："夫少正卯，鲁之闻人也，夫子为政而始诛之，得无失乎？"孔子曰："居，吾语汝其故。人有恶者五，而盗窃不与焉。一曰心达而险，二曰行辟而坚，三曰言伪而辨，四曰记丑而博，五曰顺非而泽。此五者，有一于人，则不得免于君子之诛，而少正卯兼而有之。故居处足以聚徒成群，言谈足以饰邪营众，强足以反是独立，此小人之桀雄也，不可不诛也。"

　　孔子杀少正卯，是因为此人品行恶劣，邪言惑众，有危害国家安全的预谋，因此诛之。

《史记·孔子世家》记载，鲁定公十四年，孔子五十六岁，大司寇行摄相事，诛鲁大夫敌政者少正卯。

尽管一些史书沿袭此种说法，然而，仍旧有许多人对此疑问重重。

孔子一生主张"仁"，宣扬"仁爱，爱人"，怎会采取极端做法呢？当初，季康子向孔子问政时说："如杀无道，以就有道，何如？"孔子回答道："子为政，焉用杀？"可见，孔子是反对杀人的。他摄相仅七天，怎会大开杀戒呢？

再有，如果孔子真杀了少正卯，为何《论语》不载，子思、孟子不言呢？《论语》是孔子门人及再传弟子专门辑录孔子及其门人言行的书卷，杀少正卯这么大的事情，为何只字不提？子思、孟子的著作《中庸》、《孟子》都未提及此事，与孔子隔了两百多年的荀子却有声有色地记载了此事，有什么根据呢？是否道听途说？

↑ 孔子塑像

荀子依据的来源也许是以夹谷会盟为例。当时齐、鲁会盟，齐由晏婴作相礼，鲁由孔丘作相礼。两国签署盟约后，齐国歌舞乐队进行表演。齐国安排西夷人表演野蛮的舞蹈，被孔子制止。齐国又挑侏儒来唱描写鲁国文姜淫乱的诗，羞辱鲁国。孔子怒喝道："匹夫羞辱诸侯，其罪当斩！请齐君下令，齐司马执法！"齐国没有任何表示，唱小曲的小丑仍旧在嘲笑鲁国。孔子急中生智，高喊："齐鲁既已通好，订立盟约，就如兄弟一般，鲁司马执法与齐司马执法都一样！"孔子命令鲁司马申句须上前执法，杀掉男女侏儒领班。再也没人敢唱污秽小曲儿了，连齐景公也被吓得目瞪口呆。孔子的坚决果敢维护了鲁国的尊严。为了鲁国的国家声誉，孔子当机立断斩杀齐国侏儒，没有辱没作为摄相的使命。孔子也因此受到鲁国百姓的尊重。

至于少正卯，五恶兼有，小人桀雄。如果听凭他聚众滋事，发展反对势力对抗国君，鲁国的祸患就大了。在紧急时刻，孔子果断地除掉这个恶人，维护鲁国的稳定安全，也是可以理解的。除恶便是扬善，诛杀坏人就是保护好人，这与孔子的"仁爱"观点并不矛盾。孔子杀死少正卯，确实有这种可能。

孟子何时被称为"亚圣"

　　孟子，字子舆，邹人，是鲁孟孙氏之后。他的老师是孔子弟子子思的再传弟子，孟子学通了孔子的学说加以传播。他先是到齐威王面前游说，威王不用他，转到梁国，梁惠王认为这种迂曲高远的见解不合实际，也没有用他。因为，孟子所处的战国中期，正是各国争相利用法家人才富国强兵，征战吞并的战乱时代。各国都把增加军事实力，武力称霸提到最高地位。秦用商鞅，国家富庶；楚、魏启用吴起，战胜弱敌；齐用孙子、田忌，国势强盛。而孟子主张尊崇远古舜尧时代和夏商周三代的仁政德治来管理国家，缺乏现实作用，自然不被诸侯采纳。孟子晚年退回邹国，教授门徒，作成《孟子》一书。

　　孟子在书中阐述自己的主张：承袭孔子思想，反对变法，非议耕战，主张"遵先王"、维护世官世禄和"劳心者治人"的等级秩序。他又提出了旨在缓和阶级矛盾的"仁政"学说，主张"民为贵，社稷次之，君为轻"；为推行"仁政"，他甚至主张把君位让给"贤人"，即"尚贤"学说。孟子呼吁"制民恒产"，不误农时，省刑轻赋。他在哲学上提出"性善论"，认为人生来是善良的，教育的目的就是启发良知。孟子是继孔子"仁爱、礼治"之后，发展和完善儒家思想的第二个伟人。他和孔子的主张被尊称为"孔孟之道"，成为历代统治阶级利用的精神武器，统治人们思想几千年。

许多人认为，汉武帝"罢黜百家，独尊儒术"的"儒术"便是孔孟之道，从那时起孟子被尊崇。事实并非如此，汉时孔子并未被尊为"圣"，周公才是儒教教主，孔子只是传播周礼的传教士罢了。唐初，周公仍是"先圣"，孔子屈居"先师"之位。在唐国立太学举行祭祀先儒仪式时，孔子侧座，至于孟子，连陪祭的资格也没有，跟尊号搭不上关系。

唐太宗弑兄逼父登上皇位后，下令把周公庙迁出太学，把孔子升为"先圣"，孔子大弟子颜回荣升"先师"。唐玄宗时，把颜回尊称"亚圣"。

← 孟子画像

"安史之乱"后，礼部侍郎杨绾，上疏唐代宗要求把《孟子》、《论语》、《孝经》同列为科法考试之书。数十年后，韩愈著《原道》，述说中国"道统"自尧舜始，经夏商周，孔子传孟轲，孟轲死后就传不下去了。由于韩愈的名人效应，《孟子》引起了人们的重视。晚唐之后，孟子的地位不断提高，到了宋朝尊孟思潮愈演愈烈。

明世家宗相张璁提出由孟子代替颜回，承袭"亚圣"的称号。清朝建立后，大力弘扬孔孟之道。乾隆九年，孟子被封为"亚圣"，颜回封"复圣"，曾参为"宗圣"，子思为"述圣"，孟子的地位被确定，孔孟思想与孔孟排名相统一。

也有后世学者认为孟子的"亚圣"称号，最早可追至东汉。东汉学者赵岐就称孟子为"命世亚圣之大才者也！"元文宗时，御制圣旨碑，用蒙、汉文字刻录着："孟子百世师也，可加封邹国亚圣公。"

《明史》也记载，嘉靖帝命礼部与翰林研讨，尊称孟子为"亚圣"。

韩非被诛杀之谜

韩非是战国末期著名的法家集大成者。他曾得秦王政的赏识。然而，当韩非真的来到秦国后，却被送到监狱，且不久即遭到杀害。那么，韩非为什么被诛杀？此间原因是一个令人难解的谜。

近来，对此历史悬案多有争议。多数人认为，韩非之死是出于李斯嫉妒其才能之缘故。因为韩非、李斯都是荀子的学生，但是李斯却认为自己的才能不如韩非，很自然地，当李斯得知秦王政如此看重韩非的才能时，怕自己的地位被韩非取代，故生嫉妒之心，伙同姚贾对韩非进行诬陷，并最终置韩非于死地。其方法依《史记·老庄申韩列传》中记载，乃是李斯使人在韩非的饭里下了毒药。

有人认为，《史记》中的记载实为不确，因为当年向秦王政力荐韩非，而致秦王政认为"得见此人与游，死不恨矣"的那个人正是李斯，李斯不是那种嫉贤的小人。且韩非被杀，是在秦王政尚未任用的情况下发生的，当时韩非对李斯并未构成"威胁"。事实上李斯即使在秦二世上台后，仍然劝二世行申韩之术，因此李斯对韩非是持敬重态度的。

还有一种看法认为，韩非被诛杀是咎由自取，原因就在于韩非千方百计地阻碍秦国的统一大业。具体地说，韩非到秦国后，即写《上秦王书》，

↑ 韩非画像

破坏李斯之计，试图把秦国的武装力量引向赵国，以达到存韩的目的。同时，韩非还在秦王面前离间秦之君臣，对即将回国的姚贾进行人身攻击，说他是"梁之大盗，赵之逐臣"。在这种情况下，秦始皇终于下了决心，将韩非处死。有关此事的记载，在《战国笨·秦策》、《韩非·存韩》等史籍中都有说明。

但也有人不同意这种说法。他们认为，《战国策》一书极为庞杂，司马迁对史料选择极为谨慎，他不选《战国策》中有关韩非的记述，乃是由于司马迁对此持有怀疑态度。另外，韩非不擅讲话，患有口吃，在韩国时只能以书谏韩王。他为何到秦国后却能口若悬河，与人唇枪舌剑地对仗起来？可见这一说法不可信。

看来，韩非被诛杀的具体原因很复杂，这个谜有待于历史研究的深入，方能逐步得以澄清。

先秦有两个公孙龙吗

　　名家代表人物公孙龙是战国时期有名的辩者，著名的"白马非马"论就是他提出来的。据说他骑着白马过关，当时政府的法令是禁止马匹出关的，他便大讲"白马非马"；守关官吏说不过他，只好放行。公孙龙于是名声大振，辩者纷纷效习，"白马非马"论一时风靡于世。

　　然而有学者指出，先秦有两个有名的公孙龙。其依据是《史记》的记载。

　　《史记·仲尼弟子列传》中，记载了孔子有弟子名叫公孙龙，而在同书的《孟子荀卿列传》中，又记载有赵国人公孙龙善为坚白同异之辩。同是一部《史记》，两处记载的公孙龙在年代上有这么大的差异。

　　《史记》一般被认为是比较可靠的，既然《史记》有如此记载，于是学者便提出了先秦有前后两个有名的公孙龙的看法：一个是生活在春秋末期到战国初期的楚国人公孙龙，字子石，是孔子的弟子，比孔子小五十三岁；另一个是生活在战国末期的赵国人公孙龙，是平原君的门客，提出了著名的"白马非马"论。《吕氏春秋·淫辞》曾记载公孙龙与孔穿辩论。据考证，孔穿是孔子的六世孙，他不可能与比孔子小五十三岁的前一个公孙龙辩论，同他辩论的，只能是后一个公孙龙。

↑ 公孙龙画像

但有学者指出，在唐代以前，人们认为只有一个公孙龙。唐人张守节在《史记正义》中谈到孔子弟子公孙龙（即前一个公孙龙）时说："庄子云，坚白之谈也。"《庄子·秋水》有公孙龙对魏牟说过："龙少学先王之道，长而明仁义之行，合同异，离坚白，然不然，可不可。"可见张守节是认定了善于坚白同异之辩的公孙龙即是孔子弟子，也就是说，前后两个公孙龙其实是同一个人。唐人司马贞著《史记索隐》，也明确认为两个公孙龙实为一人，只是关于这个人的传说有许多差异而已。《史记·孟子荀卿列传》说"赵亦有公孙龙为坚白同异之辩"，司马贞在这句话后面写道："龙即仲尼弟子也……又下文云'并孔子同时，或云在其后'，所以知非别人也"。可见他是明确认定并无两个公孙龙的。在他看来，关于公孙龙的事迹虽有许多矛盾之处，但都是关于同一个人的传说。

公孙龙到底是只有一个还是有两个？究竟是前后两个公孙龙的事迹被混淆在了一起，还是本来只有一个公孙龙，他的弟子和后来学者为了抬高他的地位，故意把他说成是孔子的弟子？即使是后一种情况，这个公孙龙也还是活了两百多岁，这也是解释不通的。

东汉蔡邕为何而死

　　蔡邕是东汉末年的名士，在社会上的声望非常高，被当时的人盛誉为"旷世逸才"。就是这样一个博才多学的人，却在东汉末年风云变幻的政治斗争中无辜地陨落了。

　　蔡邕（133—192年），字伯喈，是陈留圉县（今河南杞县西南）人。他的六世祖蔡勋，好黄老之术，是汉平帝时的郡县县令。那时候，王莽篡夺了汉朝的江山，建立了新朝，他想拜蔡勋陇西郡守的重要官职。但是蔡勋却面对印绶，仰天长叹道："我既然已经在汉朝做官，那么我就是死也要归属于正统的王朝。当年曾子为了保住自己守礼法的清白名声，就连季孙氏赐的竹席子都不肯接受，更何况要我今天去仕官两朝呢？"于是，蔡勋就带着全家人逃入了深山，拒绝在新朝任职。蔡邕的其他几个先人也都有着清正高洁的品行。

　　蔡邕的为人也像他的先人们一样没有让人失望。据说，蔡邕侍母至孝。他的母亲曾经卧于病榻多年，蔡邕衣不解带地服侍着母亲，甚至有七十多天连续照顾着母亲而没有睡过一个安稳的觉。在母亲死了以后，他就在母亲的墓旁搭建了一座小木屋，住在那里为母亲守孝。传说，他的孝行感动了天地，甚至有些小动物都反常地待在他的小木屋旁不肯离开。远近的人听说了都跑来观看，觉得十分奇怪。因为这样，蔡邕受到了乡里的一致推崇，很多人都慕名前来拜访他。

蔡邕博学多才，而且精通音律。他不但善于弹琴，还能制作琴，深知琴音。在他逃难到吴地的时候，偶然间在山中听到吴人用桐木烧火做饭时，木头燃烧爆裂的声音，就知道是良木，他要求用这块桐木制琴，琴制成之后，果然发出美妙之音，而琴尾犹有一块烧焦的痕迹，所以被人们称为"焦尾琴"。他在家乡时，时常应邻人的邀请去饮酒，因此两家的关系非常好。有一天，他又被邻居请去，到达了邻居家门口了，却听到邻居家有一位客人正在屏后弹琴，他仔细一听，顿时觉得琴音中有阵阵"杀心"，不由得十分奇怪，心里想着，这家的主人请我来喝酒，

↑ 蔡邕听琴

怎么弹的琴声中又有杀我之心呢？于是，他没有进门，转身返回家去。主人这时得知蔡邕已经到了门口却又离去了，不仅觉得奇怪，连忙追了上去，向蔡邕追问原因。蔡邕说了这个原因，主人也觉得很奇怪。等他们一起回到了邻居的家中，和那个弹琴的客人一说，那个客人说："刚才我弹琴时，看见窗外树上有一只螳螂正向着一只鸣蝉爬过去，蝉马上就要飞走了，螳螂却还有些犹豫，进了一步又退后一步，我很着急，唯恐螳螂捕不到蝉，这难道就是'杀心'反映在琴声上了吗？"蔡邕听完笑道："这就是了。"

桓帝的时候，当朝掌权的大宦官听说了蔡邕弹的一手好琴，就禀告了皇帝，招蔡邕到朝廷来。蔡邕迫不得已，只好在当地的地方官看管之下向京城出发，但是走到半路上，他就装病跑了回来，从此就待在家中弹琴画画，读史研经，不再与人有什么交往，过了一段安稳自在的日子。

灵帝建宁三年（公元 170 年），蔡邕才终于步入仕途，先在司徒桥玄府上干事，受到了桥玄的礼遇和器重，不久就补任平阿县的县令。不久，他又被拜为郎中，负责在东观整理图书，进而又被迁为议郎。在他的建议下，平帝命令重新校勘六经，并由蔡邕亲自将校勘好的经书用红笔写在石碑上，让工匠们照样镌刻后立在太学的门口，供全国学习经书的士子们抄写之用。这就是著名的"熹平石经"。据说，石碑刚刚立起来的时候，来观看和摹写的人非常多，每天来的车辆多达千余辆，把附近的道路都堵塞了。

后来，蔡邕被朝中的奸臣诬陷，被关进了监狱，开始被判以处斩，后来平帝又念及他以前的功劳，减了一级，改为流放到远地。当蔡邕终于被赦免还朝的时候，当地五原郡的太守王智慕名为他饯行。当酒兴正浓的时候，王智请蔡邕起身歌舞，蔡邕觉得这是个污辱，就不予理睬。

王智是当时掌握朝政大权的宦官王甫的弟弟，一向骄横惯了。他觉得蔡邕在宾客面前让他失了脸面，恼羞成怒，骂蔡邕道："你这流徙敢轻视我！"蔡邕听了，便拂衣而去。王智从此记恨心中。后来他密告蔡邕心怀怨恨，诽谤朝廷。蔡邕为了避祸，远逃到吴地躲藏了起来，一躲就是十二年。

中平六年（公元189年），灵帝死后，董卓当上了司空。他听说蔡邕名气很大，就命令招他到京城做官。蔡邕一直推说有病，不肯应征。董卓大怒，骂道："我的权力足以能使他满门抄斩，蔡邕再这样高傲，那可就离死不远了。"蔡邕实在没有办法，只好应命来到朝廷，被董卓拜为祭酒，很快得到董卓的敬重。继而他又补任侍御史，又转为侍书御史，迁尚书。在三天之内连升了三次。随后，他又迁为巴郡太守，复又留在朝中为侍中。初平元年（公元190年），蔡邕被拜为左中郎将，随献帝迁都长安，封为高阳乡侯。

蔡邕在董卓身边的时候，一有机会就向董卓提出一些好的建议，但是董卓为人一向刚愎自用，听不进别人的劝告。蔡邕曾经对别人叹息着说："董公性格刚强，又好掩饰自己的过错，最终是很难有成就的。我想找机会逃走，可是我每次弹琴都有那么多人围观，担心走到哪里也有人认识我。这可怎么办好呢？"结果到最后，他也没能逃出京城。

等到董卓被王允诛杀后，蔡邕偶然和人谈起董卓的事，不禁叹息。不料这件事被已经掌握大权的王允知道了，勃然大怒，骂蔡邕是董卓的同党，把他关进了监狱，要处死他。蔡邕上书承认了自己的错误，甚至甘愿在脸上刺字或者是砍去双腿，只求能让他保留性命以继续完成汉史的写作。许多士大夫们也都怜惜蔡邕的才学，不断有人为他求情。但是王允却说什么也不答应。最后，蔡邕死在了监狱之中，没能完成他写作

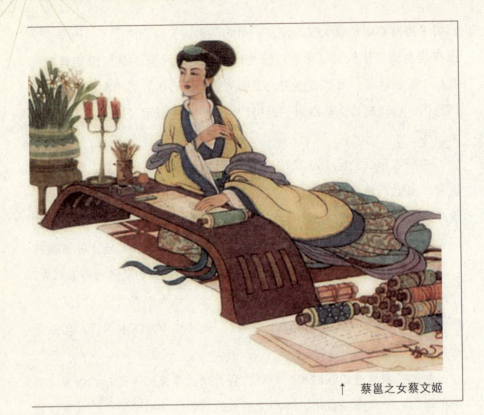

↑ 蔡邕之女蔡文姬

汉史的心愿。

　　蔡邕的名声，除了他本身就是当时的大名士以外，还因为他培养出了一个在当世有罕见之才的女儿——蔡文姬。蔡文姬归汉的故事一直流传到了今天，人们在提起蔡文姬这个才女之时，也总是不忘提一提她的父亲蔡邕。

孔融小时候真的很机智吗

有关孔融的著名故事发生在他四岁那年。有一天，父亲买了几个梨回家，叫孔融挑一个来吃。他选了一个小的，父亲便问他为什么不选大的？孔融回答说：哥哥比我大（传说孔融家有七兄弟，他排行第六），应该留大的给哥哥吃。这个故事恐怕没有人不知道，故事中的孔融也因此成了中华民族两千年来教育孩子时的榜样。

孔融是孔子的第二十世后代，生于公元 153 年。他曾出任北海（现时的山东省）太守，所以又被人称作孔北海。

他博学多才，广受尊敬，是建安七子之一。孔融虽然以礼让闻名，但却有话直说，就算得罪人也不在乎。有一个故事，就足以说明他的机智。

当时河南尹李膺政绩显赫，名望极高。许多人慕名前来，可是李膺"以简重自居"，告诫他的门人不要随便接待宾客，除当世的英雄贤哲和世代交往的"通家"之外，一律不予接待。于是，许多人只能望门兴叹。京都一带的人甚至把受到他的接待称为"登龙门"。

孔融到洛阳以后，总是听人提起李膺的名字，就决定登门拜访，亲眼见见这位名噪一时的大人物。他把这个想法告诉了父亲。

父亲说："你有这种想法当然不错，但是，他不会见你这么个小孩子的。"

↑ 十几岁的孔融去拜见李膺

孔融不服气，有一天趁着父亲不留神，悄悄地溜出了家门，朝李膺家走去。李家守门的仆人果然不让他进去。孔融生气地告诉守门人说："我是这李府主人的亲戚。"守门人还是不太相信，但是听他说得这么认真，又不敢怠慢，只好进去禀告主人。

李膺当时正与几位名士谈话，听说有个通家子弟求见，便说让他进来吧。

当他发现进来的小孩儿他并不认识时，就把脸沉了下来。"你是谁，怎么能谎称是通家子弟呢？"

孔融给李膺施了一个礼说："大人息怒，我并不是扯谎。我叫孔融，是孔子的后人；而大人姓李，是老子（李耳）的后人。我的先祖孔子曾经说过，'我听说老聃博古而达今，通礼乐之源，明道德之归，他就是我的老师。'这就是说，在五六百年以前，我们孔李两家就已经开始有来往了。您的祖先和我的祖先同德比义，互为师友。这样看来，我称自己为您的通家子弟，难道不对吗？"

李膺是不是老子李耳的后人，其实无据可查。孔融本人也并不去管是真是假。他之所以这样说，无非是为自己和李膺是"通家"找到根据，达到自己的目的。

听完孔融的这一席话后，在座的名士都对他的机敏感到惊奇。李膺的脸由阴转晴，笑着说："孔先生，您请入座。"

李膺虽然接纳了孔融，但是他对这个小孩子并未放在眼里。日近中午，李膺不问其他名士，单单问孔融："想吃饭吗？"

"想吃。"

李膺就说："太不懂礼节了，我教你做客的礼节吧，当主人问你想不想吃饭的时候，你要推让，不要对主人说自己想吃。"

孔融立刻反唇相讥："那么，让我教您做主人的礼节吧，客人来的时候，你应该准备饭食，不应该问客人吃不吃。"

李膺这才为孔融的机智折服了，还说："可惜呀，我快要死了，来不及看到你将来的富贵了。"

孔融煞有介事地说："您一点儿也不像要死的样子。"

"为什么？"

"曾子说过：'人之将死，其言也善'，可您刚才说的话却一点儿也不善呀！"一下子说得李膺哭笑不得，极其尴尬。

正在这时，太中大夫陈炜走进门来，他问李膺，刚才的哄堂大笑是怎么回事。李膺就把刚才的事情从头到尾讲了一遍，又用手指着孔融说："这个孩儿真乃神童啊！"

陈炜不以为然："小的时候聪明，长大了也不一定怎么样。"

小孔融闻声说道："陈大人小时候一定十分聪明吧？"言外之意是：你现在长大了，果然十分不聪明。

此言一出，陈炜顿时满脸通红，一句话也说不上来了。在座的人们都哄堂大笑起来说："这个孩子长大了，一定会成为大人物的。"

　　果然，经过不断的努力，孔融长大以后，成为著名的文学家。建安时期，文坛上出现了孔融、王粲、陈琳、徐干、阮瑀、应玚、刘桢等七位著名的文学家，被魏文帝曹丕称为"建安七子"。孔融被排在第一位。他曾经担任北海相，后又被曹操招至麾下，任少府、太中大夫等职。

　　但是，他这种敢言的脾气，最后却使他丢了性命。曹操虽然很景仰他的学问才干，但是孔融的名气和耿直，却使诡计多端、野心勃勃图谋推翻皇帝的曹操感到担忧。由于担心孔融会破坏他的计划，曹操就在公元 208 年把他杀了。

陶渊明为何隐居

　　陶渊明（公元 365—427 年），又名潜，字元亮，自号五柳先生，谥号靖节，浔阳柴桑（今江西九江西南）人。陶渊明出生于没落的官宦家庭。曾祖父陶侃，官至大司马，封长沙郡公，是当时很有权势的政治人物。祖父陶茂，做过武昌太守。父亲陶逸做过安城太守。母亲是东晋名士孟嘉之女，外祖父孟嘉对陶渊明的影响很大。

　　陶渊明八岁丧父，家道更为衰落，与母亲和五岁的妹妹相依为命。虽然生活很贫苦，但因家教甚好，他从小就在母亲的指导下读了许多书，包括《老子》《庄子》、"六经"，以及文、史、神话、小说等等。在《五柳先生传》中，陶渊明曾把自己描绘为"闲静少言，不慕名利。好读书，不求甚解，每有会意，便欣然忘食"。他从读书中获得了极大的乐趣，但是他读书并不是字斟句酌，而是"不求甚解"，以期与古人心灵冥合。

　　陶渊明早年没有做官，二十九岁时，因为亲人衰老、家道贫困的缘故，他出仕做祭酒。由于不能忍受官场的腐败和黑暗，没过几天便辞职。州里又召他做主簿，他也是"辞不就"，在柴桑过起了自给自足的隐居生活。七年之后，陶渊明又出任桓玄镇军的参军。母亲去世后，他辞官奔丧，守制两年。

有一次，他对亲戚朋友说："我想过恬淡自乐的生活，现在我出去做官，为隐居积攒一些衣食之资，不知可以吗？"当权者听说后，马上派他去做彭泽县令。县里拨给他几亩公田，他全部用来种植酿酒用的秫谷，说："能让我每天有酒喝就够了！"妻子不同意他这么做，于是他便拿出一半的土地种植粳稻米，另外一半仍种植秫谷。

归隐之初，陶渊明"开荒南野际，守拙归田园"（《归园田居·其一》）。然后他又利用"方宅十余亩"，盖起了"草屋八九间"，还在房后种植柳树、榆树，房前栽桃树、李树。陶渊明这只长久被关在笼中的鸟儿，终于随心随性，复归自然了。

从此之后，陶渊明便开始了耕种生活，在《归园田居·其三》中，他写道：

种豆南山下，草盛豆苗稀。

晨兴理荒秽，戴月荷锄归。

道狭草木长，夕露沾我衣。

衣沾不足惜，但使愿无违。

诗人在南山下种豆，但因杂草旺盛，豆苗稀少，他便一早起来就去铲除荒草，到了晚上才荷锄归来。艰苦的农耕生活并没有使陶渊明灰心丧气，他反而因这种生活没有违背归隐的初衷而心情坦然。

为了更好地进行农耕，陶渊明还和村中的农民交往、聊天、请教经验。《归园田居·其二》写道"时复墟曲中，披草共来往，相见无杂言，但道桑麻长。我麻日已长，我土日已广，常恐霜霰至，零落如草莽。"除了与邻居们讨论农耕，陶渊明还愿意"邻曲时时来，抗言谈在昔。奇文共欣赏，疑义相与析"。这种"农务各自归，闲暇辄相思；相思则披衣，言笑无厌时"（《移居·其二》）的生活，让陶渊明深深地陶醉其中了！

饮酒是陶渊明最大的嗜好。他不仅一天都离不开酒，而且他的诗文中，几乎篇篇都有酒，他甚至还专门写了二十首《饮酒》诗。如"漉我

↑　田园诗人陶渊明

新熟酒，只鸡招近局"（《归园田居·其五》），"过门更相呼，有酒斟酌之"（《移居·其二》），"欲言无予和，挥杯劝孤影"（《杂诗十二首·其二》）等等。

陶渊明嗜酒成癖，世人皆知。颜延之在浔阳时，与陶渊明有很深的交情。后来，颜延之做了始安郡，他每次路过浔阳时，都要到陶渊明家中去喝酒，而且每次都要喝得酩酊大醉，常常耽误公事。有一次，颜延之在临走的时候，给陶渊明留下两万钱，陶渊明把这些钱全都拿到酒馆里去，以便可以随时取酒。

有一年重阳佳节，陶渊明已经九天九夜滴酒未沾了，于是就到屋外的菊花丛中呆坐着，摘菊盈把，品其芬芳，以此来消解无酒可饮的痛苦。陶渊明偶一抬头，遥望远处，看见一个穿着白色衣服的小吏走过来，原来是江州刺史王弘派人来给他送酒，不禁心花怒放，欢喜异常。陶渊明

取过酒来，一口气把酒喝完，大醉而归。

陶渊明性格宽厚，只要家里有酒，拜访他的人无论贵贱，他都会拿出酒与客人开怀畅饮。如果他先喝醉了，他就会告诉客人："我醉了，想睡觉了，你可以离开了！"由此可见陶渊明的率直和自然。有时，在酒酿熟时，陶渊明会解下头上的葛布漉酒，即给酒过滤。过滤完毕后，他就重新把葛布戴回头上去，后来人们就用"渊明漉酒"、"漉酒葛巾"来形容嗜酒之深或超脱率真的气度。

此外，陶渊明虽然对音律一窍不通，但却有一张无弦琴，每当喝到兴头上时，他便做出抚琴的样子，而且还边"抚"边歌，以表达自己的心迹，他说："但识琴中趣，何劳弦上声！"后人遂以"无弦琴"、"陶琴"表示意趣高雅。

如果这种有酒有朋友、衣食无忧的生活一直持续下去，那陶渊明可以说是"快乐似神仙"了。但是好景不长，由于战乱频繁，加之自然灾害严重，农业歉收，陶渊明的生活极为贫困。在他四十四岁那年，居所失火，诗人的生活更是每况愈下，连生计都发生了问题，但他毫不后悔自己的选择。

据说，他晚年因饥饿而致病，江州刺史檀道济馈以粱肉，劝他出仕，而他却挥而去之，即使饿死也不妥协。元嘉四年（公元427年），陶渊明在贫病交加中死去，享年六十三岁。

罗贯中的生平之谜

　　罗贯中的大名流传至今，可是，有关他的生平却难以查考。今天能够见到的，只有贾仲明的《录鬼簿续编》、王圻的《稗史汇编》和田汝成的《西湖游览志余》等史料中的零星记载，既看不出他的职业，也难获知他的行踪，更不知其主要事迹。之所以出现这些缺憾是不难理解的，一是当时的小说家难入品流，受到正统文人的鄙视，形同街头说书艺人，没有谁乐意为他浪费笔墨；二是罗贯中的政治地位不高，没有官场活动，难以被人注意，加之他的小说又有"倡乱"嫌疑，受到官方排斥，正史不可能为他立传，杂史、笔记中也难让他容身；三是从《录鬼簿续编》来看，罗贯中性格孤傲，与人寡合，有自闭倾向，无形中削弱了本身的知名度。这样，他在当时不仅得不到广泛的正面宣传，还受到一些狭隘文人的中伤和诋毁，甚至对其无中生有地谩骂和诽谤。如王圻在《续文献通考》中就幸灾乐祸地说：罗贯中因写《三国演义》，"变诈心端，坏人心术，说者谓子孙三代皆哑，天道好还之报如此"。

　　所幸的是，在江苏和浙江等地，至今还流传着他的一些逸闻轶事。据《罗贯中传奇》记载，有些就像三国故事一样精彩。

　　罗贯中离开老家不久，先到普陀山圆通和尚那里习武，练就了一身非凡功夫，又到九华山圆觉长老那里学艺。其时，泰州盐贩张士诚聚众造反，罗贯中有意加盟，他很想先试试自己的本领，遂乔装船夫寻机比武。恰好张士诚的部将陈打虎要在这里渡河，罗贯中知道此人力大无比，曾在山上打死过老虎，便有意撩拨对方。果然几句话就惹得陈打虎性起，猛地举起系船巨石向罗贯中打来。罗贯中用铁篙轻轻一拨，二三百斤重的石头轻松滑过，只见他又把铁篙插进江中，示意陈打虎拔篙再打，这个打虎勇士费尽力

↑ 罗贯中雕像

气，终未拔出铁篙，才知面前的"船夫"功夫非凡，急忙拜倒认师，并引罗贯中来到张士诚帐下，二人遂成好友。

罗贯中投张以后，不久升为机要参谋。这天，他随大将张士信攻打嘉兴城，及时陈述作战方略，没有被张采纳，结果一败涂地。很快，张士信被常遇春追到一座山下，形势十分危急。罗贯中见此处黄豆遍地，急忙让兵士拔黄豆秧扎成人形，披戴盔甲，布满山岗，又把剩余的军士

埋伏起来。天刚擦黑，常遇春追兵赶到，一看满山皆兵，一时怯了三分，正疑惑间，骤然伏兵齐出，常遇春措手不及，只得掉头就跑，罗贯中小试牛刀，就取得了草人退敌兵的辉煌胜利。

据这本《传奇》介绍，罗贯中还像他精心塑造的诸葛亮一样，善用锦囊妙计。按照他的绝妙部署，陈打虎率军打下了元军重兵把守的杭州城。后来，他看张士诚只顾贪图眼前的享受，缺乏长远的战略打算，知道日后难成大事，遂在中途悄然逃离，继续游荡江湖。不久，罗贯中在常熟河阳山东庆寺的文昌阁里，遇见了正在写作《水浒传》的施耐庵，二人一见如故，作了彻夜长谈。在其影响下，罗贯中也走上了著书劝世的道路。他因为有从军作战的生活基础，又有胸怀大志的宏伟气度，所以写起《三国演义》这类场面壮阔，人物众多的历史小说，得心应手，

↑ 《三国演义》插图

纵横捭阖，具有一般小说作者难以比拟的优势。

当然，以上这些也只是民间传说，难辨真伪。有关罗贯中的生平，在《稗史汇编》"院本"条中有这样几句倒是值得注意："如宗秀、罗贯中、国初葛可久，皆有志图王者，乃遇真主，而葛寄神医工，罗传神稗史……"罗贯中的"有志图王"是什么意思？是他看到元末天下大乱，有志要为朝廷安定社稷从而取得封王赐侯的荣耀，还是趁着社会动荡之机想要造反为王？联系下句"乃遇真主"四字看，罗贯中处在烽火遍燃的农民大起义时期，投靠一支起义队伍的可能性很大，这样，他的文化知识可以派上更大的用场，保不准真可以争取到王侯将相的地位。

清代另一学者顾苓也认为"罗贯中客霸府张士诚"，还有人说他后来投降了朱元璋，这似乎更加符合"乃遇真主"的说法，所谓"有志图王"，不算虚妄。

通过以上分析，有关罗贯中的情况至少有以下两点可以肯定：第一，他的一生飘忽不定，否则，有关他的籍贯不会有四五处之多。第二，他是一个多产作家，一生写了几十种作品，既有风格清新的诗词，也有情景动人的杂剧；既有街头里巷的"说话"，也有流传千古的小说。可以说，他是个不甘寂寞的大文人。

冯梦龙出生于何地

　　占代文人署名时，常常会在名字前面加上籍贯，冯梦龙当然也不例外。可是看看他在作品上的署名却又很不固定。如"吴人"、"姑苏"、"吴郡"、"吴门"、"古吴"、"东吴"、"吴趋"等多至十几种。而且，他的别号更是让人眼花缭乱，如：龙子犹、子犹、耳犹、姑苏词奴、顾曲散人、墨憨斋主人、茂宛野史、詹詹外史等，其中用得最多的是墨憨斋主人。要从这些署名中准确判定冯梦龙的籍贯，显然也很困难。在以后有关冯梦龙研究的著述中，较常见的有三种。即武进说、苏州说和常熟说。如《武进阳湖县志》卷二十一："冯梦龙，字仲田，岁贡生，万历间任广东新兴知县……"广东《肇庆府志·新兴县》卷十二《知县篇》又载："冯梦龙，江南武进人，岁贡，二十六年（公元 1598 年）任，有传，祀名官。"他在新兴县政绩颇佳，并自撰《安阳集》一书。这是武进籍的冯梦龙。

　　持苏州说者主要见之于《苏州府志》卷八十二："冯梦龙，字犹龙，才情跌宕，诗文丽藻，尤明经学，崇祯时以贡选寿宁知县。"《江南通志》卷一六五亦载："冯梦龙，字犹龙，吴县人，才情跌荡，诗文丽藻，尤工经学，修著《春秋指月》、《衡库》两书，为举业家所重，崇祯时贡选寿宁知县。"《寿宁县志）也载明这位县令是"直隶苏州府吴县籍长洲县人。"

← 冯梦龙雕像

而《吴县志》不仅说他为本县名士，还详细开列了冯梦龙的一些著作。如《衡库》、《春秋指月》、《别本春秋大全》、《智囊》、《古今谈概》等。民国初年编印出版的《中国人名大辞典》中，也把冯梦龙说成是明代吴县人。

说冯梦龙为常熟人的主要是清代的顾铁卿，他在其著作《清嘉录》中说："马吊谓即戳戏，始明万历年间，崇祯间尤甚，创于常熟冯梦龙……"《清嘉录》一书主要记载吴郡之岁时土风，凡街谈巷议、农谚山谣、吴趋风俗等都一一详加考证，具有较强的史料价值，该书对冯梦龙的记载虽很简略，却也不得不引起重视。

此外，还有昆山冯梦龙说、通州冯梦龙说等等，因为明显不合通俗文学家的面貌，故略而不述。

沈万三的财富之谜

　　明朝初年，提起沈万三，无人不晓。据史料记载，明太祖定都金陵（今南京市）让他赞助修城，沈万三眉都不皱一下，偌大的南京城墙（传为九十六里），自个儿修了三分之一。许多人听了惊得瞠目结舌，连《金瓶梅》的作者都艳羡不已。他在该书第三十三回借潘金莲的口说："南京沈万三，北京枯树湾；人的名儿，树的影儿！"一个偷闲躲静的布衣女子能够知道这位大富翁的名字，可见沈万三是何等了得！

　　沈万三如此富有，又为修建明都城墙做了这么大的贡献，应该青史留名，流传千古。可惜他是一介布衣，始终没有挤进官场，史官对其自然不屑一顾。《明史》里面没有给他立传，只是有些零星记载。有关他的情况，明代钱塘人田子艺在《留青日札》中做过介绍：朱元璋平定天下之后，沈万三很想同这位皇帝套个近乎，遂同弟弟沈贵一起，先交了万石粮食，又献上五千两白金，以补国库不足。据说明初军队吃的粮食，大都由沈家供给。

　　哪知朱元璋并不满足，存心掏空这个大款的腰包。正月初一，沈万三受到朱元璋的召见，先是夸奖了他一番，万三受宠若惊，磕头作揖不止。末了，朱元璋摸出一文铜钱，要其拿回家生利，从第二

← 沈万三塑像

天开始，一文取二文，转天二文取四文，每天这样成几何级数增长，到月底全部结清。沈万三心里紧张，一时算不过账来。只好稀里糊涂地应承。结果一月下来，他给朱皇帝连本带息交上了五亿三千六百八十七万九百一十二文！这下沈万三方知上了大当。可是他仍不服软，交了大钱还要送上笑脸。朱元璋看后当然也不罢手，复又传下圣旨，要沈万三每年交出白金千锭，黄金百斤，并对沈家的田地每亩课以九斗十三升的重税，还要其建造六百五十间房屋，养几百匹上等战马。就是如此敲骨吸髓的盘剥，还是没有损伤沈家的元气，依然富可敌国，令朱元璋惊奇不已。

读了《留青日札》这一记载，人们自然会问：沈万三到底是个什么样的人物？

沈万三之所以名闻天下，不仅因为他的财富惊人，更重要的在于他修筑了南京城。以私人之力而有此壮举，以至引起了皇帝的嫉妒，为其日后埋下了祸根。可是，真有这种亘古少有的奇闻吗！

据《蕉馆纪谈》载："太祖既克金陵，欲为建都之地，广其外城。时府库虚乏，难以成事。万三恃其富实，愿与圣祖对半而筑。"这里明确说沈万三修筑了南京城的一半。而《留青日札》则另有一说："（太祖）命分筑南京城，自洪武门至水西门。"两相比较，一是自愿筑城，一是遵从上命，而且筑城的长度也不一致，但两下都肯定沈万三参与了筑城的浩大工程。一半也好，一段也罢，都是可圈可点的事情。

那么，沈万三又是怎样完成筑城任务的？

明万历年间的文学家谢肇淛在《五杂俎》中讲了沈万三的神通："金陵南门名曰'聚宝'，相传洪武初沈万三所筑也。沈之富甲于江南，太

↑ 南京城墙

祖令（沈）筑东南诸城，西北者未就而沈工已竣矣。太祖屡欲杀之。人言其家有聚宝盆，故能致富，沈遂声言以盆埋城门下以镇王气，故以名门云。"聚宝盆未必有，但南京城的南门确实曾经叫做"聚宝门"，不过这与沈万三并没什么关系，这个名称是因"聚宝山"而得名。该山又名"黄鹄山"，位于雨花台附近，因为山上有些带花纹的石子，恰如色彩斑斓的珍宝，故名聚宝山。"聚宝门"与沈万三筑城无关，这种说法有些牵强附会。

这些野史、笔记之类的资料如不可信，《明史·马皇后传》中也提到了这件事："吴兴富民沈秀者，助筑都城三之一……"言之凿凿且出于正史，看来沈万三帮助修南京城多半是真的了。至于他究竟拿出了多少银两修筑城墙，史书没有说明，相信一定是个不小的数目，且不说工程材料开支庞大，就是民夫的饭钱也颇为可观。再说既然他承担了"助筑都城三之一"的任务，朱元璋就一定会抓紧落实，看来沈万三筑城一事不会有太大的水分。

那么，当时的南京都城的"三之一"有多长呢？

据民国年间出版的《首都志·城垣卷》载："明洪武二年（公元 1369 年）始建都城，六年八月工成。"在这一条的下面又注释说："南京城周旧称九十六里，其实只有六十一里，但其长度已为世界第一。"如此绵长的城墙，沈万三独自承担三分之一的修城费用，这种气魄和财力是一般地主老财们望尘莫及的。

只不过，沈万三的结局并不好，据说是过于显富而招来皇帝嫉妒，惹来了杀身之祸。

金圣叹被杀之谜

　　金圣叹，原名采，苏州长州人，明亡后，改名人瑞，字圣叹。他是我国17世纪著名的文学批评家和文学理论家，评了《水浒全传》、《西厢记》、《史记》等"六才子书"，影响深远，意义重大。尤其是他腰斩了一百二十回《忠义水浒全传》的十二分之五，使全书内容更加精练，在最精彩的"梁山泊英雄排座次"之处落了幕，受到了广大读者的欢迎。他写的评语蕴含着机智与才情，极富文学价值，被称为"金评"；他的评改本成为风靡海内的传世之作。

　　然而，这位闻名遐迩的大才子金圣叹一生倜傥不群，佯狂傲世，不屑于钻营，竟三十年科场不得意，到死时仍是一介布衣。五十四岁那年，他因亲自参与了轰动江南的"哭庙案"，命丧法场。一代奇才就这样被断送了。

　　《哭庙异闻》、《遭难自述》、《哭庙纪略》、《苏州府志》等都详细记载了"哭庙案"的经过。

　　顺治十六年（公元1659年），苏州一带发生灾荒，收成大减，本为富庶之地的江南水乡，变成了饥民遍地的灾区。朝廷本应减免田粮，救济灾民，可是，江苏巡抚朱国治和新任吴县县令任维初，却不顾人民死活，照常催粮逼税。谁要是拖欠不交，则以"抗粮"之罪论处。不论缙绅还是百姓，"受责者皆鲜血淋漓，俯伏而出，不能起立。"更为可恶的是县令任维初竟监守自盗，私吞公粮，中饱私囊，数额高达三千多石，而其亏空之额却要灾民悉数补偿。百姓对任维初恨之入骨，倪用宾、金圣叹等诸多生员更是怒火中烧，决心把这些贪官污吏赶走。遂暗中串联，等待时机。

这个机会不久就来到了。顺治十八年（公元1661年）二月初一，清世祖福临驾崩，哀诏传到苏州。苏州府巡抚以下官员各在府堂设立奠幕，并按规定哭灵三天。倪用宾、金圣叹等人认为，正好借哭庙之机，控告任维初等人的贪污残暴，惹起众怒，达到驱逐贪官的目的。据《哭

← 金圣叹画像

庙纪略》记载：初四这天，"诸生百余人至庙，鸣钟击鼓，即并至府堂"，一时从者上千人，号呼奔走，群情激昂，震动了整个苏州城，酿成了一场大规模的抗议示威活动。抚臣见报，不但不体恤民意，相反却立即派兵捉拿。示威群众经不住刀砍马踏，哗然而散，金圣叹等十一人被当场捉拿，下入狱中。当时的会审记录称："姚刚、丁子伟、金圣叹称鸣

钟击鼓。伊等亦说，在倪用宾家聚会，丁子伟、金圣叹、姚刚为首，鸣钟击鼓聚众倡乱是实。"江苏巡抚朱国治见此案非同小可，害怕再审下去会牵连自己，于是连忙秘密涂改口供，并为任维初开脱罪责，接着就匆匆具文上报。他在参奏哭庙者的折子上，列举了金圣叹等人的三大罪状：震惊先帝之灵，罪不容赦；扛打朝廷命官，目无朝廷；书写匿名揭帖，违反大清律令。

他列举的三条中的任意一条，都可置哭庙者于死地。而当时反清斗争此起彼伏，郑成功率领的抗清军队又一度连连攻克瓜州、镇江等地，引起了全国震动。面对这种严重局势，清廷决定采取严厉的镇压手段，因此，就决定以"哭庙案"惩一儆百，御旨定谳：金圣叹等八人斩决，家产籍没，妻子充军，其余十人也处以死刑，凌迟斩绞于南京的三山街。金圣叹坦然引颈就戮。

人们对金圣叹的惨死非常惋惜，《菽园赘谈》长叹曰："所可惜者，以一卓荦不群之士，竟死于昏庸之夫；即谓天不忌才，安可得耶？"金圣叹死后，葬于苏州城外五峰下。因为当时他是被砍头的朝廷要犯，人们不敢凭吊他，三百多年来，他的坟丘隐于荒草野荆之中。有关他的生平身世也很少有人敢去撰写，即使有人涉猎，也大都是一些传说或趣闻。不过，人们在欣赏他评批的名著时，还会对他独特的才情与正直赞美不已。

Part 4

中国历史

"焚书坑儒"的真相是什么

　　焚书坑儒，说的是秦始皇大规模烧毁书籍、活埋文人的事件，千百年来常常被人提起。作为秦始皇的一项暴政措施，使其背上千古骂名，这是殆无疑义的。关于焚书坑儒事件，自古以来说法不同，直到今天，仍然存在一些分歧。

　　先说焚书，这是中国文化史上第一次人为的大劫难。它的整个过程，司马迁在《史记·秦始皇本纪》里记述得十分详细：秦始皇三十四年（公元前213年），皇帝在咸阳宫内大宴群臣，气氛十分热烈，大家乘机说些好话，夸耀皇帝的威德。然而博士淳于越却发了这样一通议论：臣知殷商诸国历久千年，其原因在于分封诸王，并有大臣加以辅佐。而现在皇帝拥有一统天下，却不封子弟为王，若是出现齐国田常那种野心家，您的江山就很危险，因此，应当仿效古人，实行分封，否则难以传之永久。

　　丞相李斯听了这番话，立即起而驳斥：古代三皇五帝为政，既不重复也不因袭，却将天下治理得不错。当然，这并不是他们故意另搞一套，而是因为时代发生了变化。淳于越扯谈古之三代旧事，这是别有用心，怎能盲目效法他们？今天的儒生非今学古，惑乱百姓，万万不可。古代天下散乱，不能统一，就是因为人们抱着私学而称古非今，现在皇帝掌握了天下，居然还有人以其私学攻击政事，闻有令下，他们就随便议论，入则心非、出则巷议，有的自我标榜，有的互相吹捧，还有的甚至率领众人诽谤朝廷。这种状况如不禁止，皇上的威望就会降低，而他们就会结成朋党危害天下。因此要严厉整治私学，臣下建议：凡不是秦国记录的史料应该全都烧悼；如果不是博士官职所需，不准私藏《诗》、《书》和诸子百家的著作，必须交给地方官吏焚毁；有敢在私下对《诗》、《书》加以议论的，要拉到街市上砍头示众；凡以古非今者，要灭其全族；有官吏知情不报者，一律以同罪论处；焚书令下三十日不执行的，要施以黥刑（脸上刺字），然后罚做四年劳役。不过，也非所有书籍都烧，比如有关医药、占卜和植树等方面的书，则应好好保留下来，留给后世使用。秦始皇边听边琢磨李斯的发言，认为他讲得很有道理，决定采纳这一建

↑　秦始皇"焚书坑儒"

议，不久，全国各地焚书火起，无数百家著作化为灰烬。

　　秦始皇焚书一事，历史上多有议论，几乎众口一词给予痛斥。多数人认为，焚书并非秦始皇的重大政策，也非一拍脑瓜就作出的莽撞决定，而是经过深思熟虑，采取的一项必要措施，有其一箭双雕的目的：第一，实行愚民政策，统一人们的思想。西汉政论家贾谊对此看得比较清楚，用他的话说就是"焚百家之言以愚黔首"。秦始皇想把文化知识收归寡人所有，实行严格的舆论管制，进而统一思想认识。他认为，只有秦国的历史光荣正确，列国史记没有保留的资格，当然要焚而毁之；第二，钳制儒生之口，不让他们说三道四。知识分子可以了解古代的事情，常借古书非议朝政如果不管不问，就会扰乱人们的思想，对此不能无动于衷，应予坚决镇压。私下聚谈诗书者砍头，以古非今的灭族！焚书的矛头，

↑　秦始皇时期修建的阿房宫

直指儒生，残酷严厉，毫不留情。

就在"焚书"的第二年，即秦始皇三十五年（公元前212年），又发生了骇人听闻的坑儒事件。这件事的缘起，司马迁在《史记》中说得比较简略：对于秦始皇的严刑峻法、求取仙药和修造阿房宫等铺张行为，有人看不惯了，免不了要私下议论。侯生、卢生就嘀咕说，始皇帝天性刚戾自用，起自诸侯，兼并天下，以为自古以来谁也不如他。同时又专任狱吏，以刑杀为威，弄得天下人人害怕犯罪，连吃公家饭的也不敢尽忠。天下之事，无论大小皆取决于皇帝，贪图权势到这般地步，不能再为他求取仙药，于是决定逃走。秦始皇闻之大怒，认为自己待其不薄，他们不仅不帮助寡人，反而妖言惑众，诽谤朝廷。于是立即下令，让御史审问儒生和方士，弄得他们互相告发，共牵连了四百六十多人，秦始皇怒不可遏，下令在咸阳把这些家伙全活埋了。

这就是秦始皇坑儒的大致过程。后来司马光编《资治通鉴》，李贽写《藏书》，都采信了《史记》中的说法。从以上记述来看，焚书与坑儒这两起大案，都是出于"造谤"这一个罪名。然而，有些学者指出，秦始皇有"焚书"之事，无"坑儒"之实。所谓"坑儒"疑是"坑方士"之讹。

不管如何，从"焚书坑儒"引出的种种惨痛教训，是一刻也不能忘记的。

卓文君私奔去了哪里

　　卓文君和司马相如，以相携私奔而名声大噪，成了后世男女相爱后遇到阻力时就私奔的先驱。大家都知道他们相识相恋的感人故事，可是，卓文君最后真的和司马相如在一起了吗？

　　卓文君，是今天四川一带的人，她出生于当地一名叫卓王孙的富户家中，是卓王孙宠爱的女儿。据说卓文君相貌俊美，而且精通音律，是不可多得的才女。她十几岁就嫁了人，不幸的是，结婚不几年，丈夫就死了。当时才十七岁的卓文君年纪轻轻就成了寡妇，心情郁闷。她被父母接回家，从此长住在娘家。

　　一天，卓王孙宴请当地县令王吉，王吉带来一位年轻的小伙子，介绍说是他的朋友，此人就是司马相如。司马相如，字长卿，他住在当时的蜀郡成都。司马相如自幼有口吃的毛病，但他爱好读书，击剑，最擅长的是文章辞赋。因为仰慕战国时蔺相如的为人，所以改名为司马相如。

　　宴请中，酒过三巡，王吉请司马相如抚琴，司马相如轻拨丝弦，优美的《凤求凰》从他指下奏出。卓文君从内室偷望，竟喜欢上了这位儒雅的客人。司马相如也发现了卓文君，便在琴声中暗传心意，聪颖的卓文君随即领会，二人相约夜晚幽会。司马相如与卓文君定下了百年之好，又怕卓王孙不同意，冲动之下，决定私奔。卓文君的出走，果真令卓王孙十分愤怒，本想立即派人去追，可又想想，人走也走了，于事无补，只好随她去了。

二人私奔之后事情为大家所熟知，身无分文的司马相如和卓文君穷困潦倒，不得不又回到了故乡。二人一合计，便在集市上卖酒。在王吉的帮助之下，他们买好了一处酒舍，由卓文君亲自做酒，司马相如充当伙计。更有市井之民说，卓文君衣衫褴褛。果然，卓王孙听说后十分生气。卓文君的家人劝说分给司马相如夫妻二人家童和钱财。司马相如和卓文君购买了车马，置办了田宅，又恢复了往日富庶的生活。

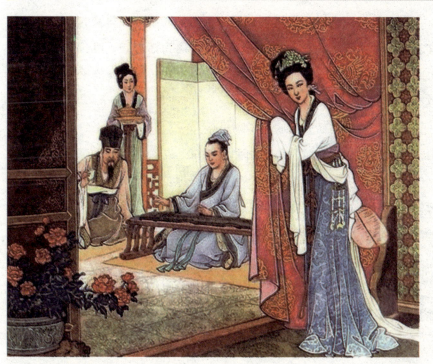

↑　卓文君与司马相如

然而，卓文君真的和司马相如从此幸福地生活在一起了吗？

司马相如的名声一直响亮，除了他的文章确实写得出众之外，在很大程度上，他的声名鹊起靠的是他和卓文君的风流婚姻。卓文君这个出身于豪门的年轻寡妇，禁不住司马相如的琴声挑拨，竟敢大胆私奔，并能当垆卖酒，毫不后悔，实在可叹可敬。这样带有强烈叛逆色彩的自由婚姻，受到无数人的艳羡与赞叹。

然而历史上，有很多人说司马相如与卓文君的婚姻，不过是多情者间一时的贪欢而已，而且由于他们彼此出身的差异，二人很难真正结合。况且日后司马相如当了官，地位转换，二人的感情很可能出现危机，甚至，连卓文君最后的踪迹都成了问题。

在唐代大诗人李白的笔下，司马相如就成了负心薄情的人，认为卓文君非但劝阻不了司马相如，反而再次沦落为活寡妇，度日如年。在另外的史料中，还有人说司马相如曾写给卓文君一封绝交的家书，还说得煞有介事。

那么，卓文君后来到底去了哪里呢？

有人认为，她随着司马相如去了长安，成了官太太。但这很难说。

古代的女人都很注意名分，妻妾等级地位森严。司马相如初遇卓文君时已过而立之年，在婚姻上不可能还是空白。卓文君到底是司马相如的妻子还是小妾，就不好确定了。曾有诗文显示出，司马相如另有家室，而卓文君只是红颜知己，而非他的妻子。

因而卓文君是否成为了司马相如真正的妻子，值得考证。至少在封建社会里，他们敢于追求真正的爱情，就是可敬可叹的。

蔡文姬的起伏人生

　　蔡文姬，名琰，字文姬，又字明姬，她的父亲便是大名鼎鼎的大儒家蔡邕。蔡邕是大文学家，大书法家，精于天文数理，妙解音律，在洛阳俨然是文坛的领袖。像杨赐、玉灿、马月碑以及曹操都经常出入蔡府。蔡文姬生长在这样的家庭，自小耳濡目染，博学能文，兼长辩才与音律。蔡文姬音乐天赋自小过人，她6岁时听父亲在大厅中弹琴，隔着墙壁就听出了父亲把第一根弦弹断的声音。其父惊讶之余，又故意将第四根弦弄断，居然又被她指出。长大后她更是琴艺超人。

　　蔡文姬16岁时嫁给卫仲道，卫家当时是河东世族，卫仲道更是出色的大学子，夫妇两人恩爱非常，可惜好景不长，不到一年，卫仲道便因咯血而死。蔡文姬不曾生下一儿半女，卫家的人又嫌她克死了丈夫，当时才高气傲的蔡文姬不顾父亲的反对，毅然回到娘家。

　　东汉黄巾军起义，董卓进军洛阳把持朝政，刻意笼络名满京华的蔡邕，将他连升三级。董卓引起各地方势力联合反对，被吕布所杀。蔡邕也被收付廷尉治罪，终未免一死。

　　她父亲死后，关中地区又发生李催、郭汜的混战，长安一带百姓到处逃难。蔡文姬也跟着难民到处流亡。后被掳往匈奴，一待就是十二年，她被左贤王纳为王妃，饱尝异地生活的痛苦。为左贤王生下两个儿子，大的叫阿迪拐，小的叫阿眉拐。她还学会了吹"胡笳"，学会了一些异族语言。

在蔡文姬流落匈奴的十几年里，中原变化很大，曹操统一了北方，生产恢复，百姓生活也比较安定了。曹操很重视提倡文化，他想到蔡邕和他的女儿蔡文姬，决定重金赎回蔡文姬。左贤王舍不得把蔡文姬放走，但不敢违抗曹操的意志，只好让蔡文姬回去。蔡文姬知道能回到日夜想念的故国后，又是高兴又是难过，高兴的是她盼望的这一天来到了，难过的是要和自己的一双儿女分离。她心里矛盾极了，经过再三考虑，最后决定忍痛离开自己的骨肉，回归汉朝。

蔡文姬在周近的卫护下回到故乡陈留郡，但这里已断壁残垣，已无栖身之

↑ 蔡文姬画像

所，在曹操的安排下，嫁给田校尉董祀。这年是公元 208 年，她三十五岁。哪儿知道时隔不久，董祀犯了法，被曹操的手下人抓了去，判了死罪，眼看快要执行了。

蔡文姬急得不得了，连忙跑到魏王府里去求情，正好曹操在举行宴会。朝廷里的一些公卿大臣、名流学士，都聚集在魏王府里。曹操知道在座的大臣名士中不少人都跟蔡邕相识，就对大家说："蔡邕的女儿在外流落了多年，这次回来了。今天让她来跟大家见见面，怎么样？"

大伙儿当然都表示愿意相见。曹操就命令侍从把蔡文姬带进来。蔡文姬披散头发，赤着双脚，一进来就跪在曹操面前，替她丈夫请罪。她的嗓音清脆，话又说得十分伤心。座上有好些人原来是蔡邕的朋友，看到蔡文姬的伤心劲儿，不禁想起蔡邕，鼻子也酸了。

曹操批了赦免令，派了一名骑兵追上去，宣布免了董祀的死罪。

那时候，正是数九寒天。曹操见她穿得单薄，心中大为不忍，就送给她一顶头巾和一双鞋袜，叫她穿戴起来，又让她在董祀未归来之前，留居在自己家中。

一次，曹操问蔡文姬："听说你家里过去有很多书，现在还记得吗？"蔡文姬说："从前，我父亲赐给我古书四千多卷，可是由于到处流亡，都丢失了。现在我还记得内容的只有四百多篇了。"曹操说："我派十个人，帮你默写下来，好吗？"蔡文姬说："不必了，您给我纸和笔，让我自己写好，交给您吧。"果然，蔡文姬凭着自己惊人的记忆力，默写出了四百多篇古代珍贵的典籍，可见蔡文姬的过人才情。

据说蔡文姬刚刚自朔漠归来以后嫁给董祀，起初的夫妻生活并不十分和谐。而此次蔡文姬救了董祀一命，从此以后，董祀感念妻子的恩德，在感情上作了一百八十度的大转弯，后来还生有一儿一女，女儿嫁给了司马懿的儿子司马师为妻。若干年以后，曹操狩猎经过这里，还曾经前去探视。

可叹蔡文姬这样一个博才多学的奇女子，却一生坎坷，命运是如此凄惨，婚姻生活如此不幸，总算在晚年过上了安定平静的生活。

孔融被杀之谜

　　孔融备受世人推崇。曹操挟持汉献帝迁都许昌后，专门把孔融从北海请到朝廷，担任掌握宫殿建筑及宗庙祭祀的高官，后又任少府，应该说曹操对孔融礼遇有加。但是，孔融后来却被曹操杀害，这是何故呢？

　　据说，孔融对曹操的主张屡持反对意见，被曹操所忌恨，遭到诛杀。公元 200 年，曹操欲与袁绍大战，孔融坚决反对。结果，曹操赢得官渡大战全胜。曹操远征乌桓时，孔融认为此乃草芥小患，不值得兴师北伐。曹操越发讨厌孔融对其政策指手画脚。曹操准备发兵讨伐刘表时，孔融又持反对意见："天下初定，应稍微安定一段时间，再行征伐之事。"曹操认为孔融故意与己作对。

　　曹操为节约粮食，曾颁布一道禁酒令。孔融极爱饮酒，就给曹操写了一封亲笔信，专讲饮酒益处，还嘲讽曹操道："天上有颗'酒旗'星，地下有个'酒泉'郡，人有海量称'酒德'，帝尧千钟称圣人。您如果非要禁酒，就把婚姻也禁止算了。"曹操忌惮孔融的才子大名，强忍愤怒，没有立即动手杀他。然而，孔融针对曹操的"挟天子以令诸侯"之为，上奏曹操《宜准古王畿之制》，主张"尊崇天子，扩大君权，削弱诸侯权势"。简直是要曹操还政于汉献帝。曹操对孔融再也忍无可忍。寻其罪状，将其杀害。

有人认为是性格原因，导致孔融被杀。孔融是名门之后，疏狂，出言无忌，目空一切。孔融鄙视权贵，与当权人物多次闹翻。早年时候，孔融奉谒拜贺外戚何进荣升大将军，因何进未及时接见，孔融夺回拜谒摔在地上，惹得何进大怒。若不是有人劝阻，孔融早已丧命。后来，孔融又与袁绍结怨，袁绍对他恨之入骨。孔融这人软硬不吃，不受笼络，不愿攀附。对于当朝权贵曹操也敢讥讽。

← 孔融画像

当初，曹操打败袁绍，攻下邺城，把袁绍的儿媳甄氏嫁给了曹丕。孔融就给曹操写了亲笔信，说："从前，武王伐纣，将纣王爱妾妲己赐给弟弟周公。此次，曹公效仿武王，将甄氏赐给世子，颇有胸襟，可喜可贺！"曹操以为此乃美谈，回到许昌就追问孔融典出何处？孙融却慢悠悠地回答："啊，是我想出来的。我分析武王英明仁厚必不忍心杀死美人，把妲己赐给兄弟，正可满足怜香惜玉之心和顾念同胞亲情之意，岂不是两全其美吗？"曹操这才明白孔融在嘲笑他们父子，心中暗暗怀恨。可孔融过后儿就把此事忘掉了。

　　孔融有个朋友，叫祢衡。此人读书很多，狂傲无比。孔融向曹操推荐祢衡，说他德才兼备。可是，祢衡初见曹操便轻狂无礼，把文武百官称作奴才。曹操忍住怒火，让祢衡作帐下鼓吏。祢衡却击鼓骂曹，令孔融十分尴尬。后来，曹操假借黄祖之手杀掉了祢衡。但对孔融也很生气，怀疑孔融举荐祢衡的用心是侮辱自己，对孔融的怨恨更深了一层。

　　曹操是什么样的人呢？《汉纪》中说他"外虽宽容，而内不能平"。曹操历来狡诈多疑，胸积怨毒，心不容人。曹操虽然爱才，但不爱不亲附自己之才；对于恃才傲世的孔融，他无法容忍。后来，孔融又口无遮拦地发表意见，反对曹操的禁酒令及征乌桓、平刘表之举。御史大夫郗虑列出孔融几大罪状。恰巧，东吴孙权使者也来许昌。孔融自恃曹操顾及影响不敢将他治罪，就当着吴使的面讽刺讥笑曹操，令曹操恼羞成怒。孔融引来了杀身之祸，其妻及两个幼子也惨遭斩首。

范仲淹被罢免之谜

　　北宋时期的范仲淹,是个著名的军事家、政治家、文学家。他作的《岳阳楼记》里有一句话"先天下之忧而忧,后天下之乐而乐",表达了他为国为民的伟大的政治抱负和崇高情操,成为激励后人修身立业的千古名言。然而,他的宦海生涯却几起几落,其治国安邦的大计竟未得以实现,成为终生憾事。

　　范仲淹是苏州吴县人,自幼家贫,父亲早亡,随母改嫁到一朱姓人家。他住在一个庙宇里读书,每天只以薄粥充饥,但仍刻苦自学,经常读到深夜,终于成了学识渊博,才能出众的人。后来考中了进士,当上了朝廷的谏官。

　　作为谏官,他刚正不阿,不畏权贵,敢于直言,因此,他得罪了上至太后、皇帝,下至宰相、朝臣,屡遭贬黜,仍正气凛然。

　　天圣七年(公元 1029 年),时任秘阁校理的范仲淹,请太后撤帘归政,触及太后的忌讳,被出判河中府。

　　明道二年(公元 1033 年),仁宗赵祯以郭皇后无子为借口,废郭氏为尼,幽居长宁宫。时任右司谏的范仲淹上疏奏谏,以为郭皇后无大过,不可轻易废立,被赵祯贬为外官。

后来，赵祯因为欣赏范仲淹的为人和胆识，又迁任他为天章阁待制、权知开封府。景祐三年（公元 1036 年），范仲淹针对宰相吕夷简滥用职权，任用私人，网罗亲信的所作所为，上书论用人之道，条上《百官图》，为吕夷简所忌恨，反诬他交结朋党，挑拨君臣关系。赵祯不辨黑白，把范仲淹贬到江西饶州。直到西夏战争发生以后，才把他调到陕西去。

范仲淹在宋夏战争中立下了大功，赵祯觉得他是个人才。正当此时，宋王朝因为内政腐败，加上在跟辽朝和西夏战争中浩大的军费和赔款支出，弄得国库空虚，赵祯就把范仲淹调回京城，任宰相。

←　范仲淹画像

　　范仲淹一到京城，赵祯马上召见他，要他快快提出治国方案。范仲淹深知朝廷弊端太多，积重难返，要一下子除旧布新是办不到的，准备稳妥行事。但是，赵祯急不可待，一催再催，范仲淹只得提出了十条改革措施。它的主要内容是：

　　对官吏一定要定期考核，按其政绩好坏给以提拔或者处分。

　　严格限制大臣子弟靠父亲的关系得官，以减冗滥。

　　改革科举制度，改变专以诗赋墨义取士的旧制，着重策论和经学。

　　慎重选用地方长官，要任用其才。

　　还有几条是提倡农桑，减轻劳役，加强军备，严格法令等等。

　　赵祯正在改革的兴头上，立刻下诏，逐一颁布新法，这就是史书上称之的"庆历新政"。

　　范仲淹的新政刚一推行，就炸开了锅，一些皇亲国戚，权贵大臣，贪官污吏，纷纷群起而攻之，散布谣言，诋毁新政。有些原来就对范仲淹不满的大臣，天天在赵祯面前说坏话，说范仲淹等人交结朋党，滥用职权，并极力阻挠新政的推行。赵祯看到反对的人多，对范仲淹等人的戒心和疑虑与日俱增，进而发生动摇。而这时京东地区又发生了兵变，陕西地区发生了农民起义，还有不少地方发生蝗灾旱灾，赵祯把这些都与实施新政联系起来，更失去了推行新政的信心，最后决意牺牲革新派，妥协反对派。赵祯遂以陕西备边为借口，把范仲淹打发到陕西，任河东宣抚使。一些革新派人物也先后被撤职、贬官、罢黜。各项实施着的新政，也先后罢行。

　　范仲淹提出的新政，前后仅一年左右，便因守旧官僚的反对，赵祯的动摇而失败。皇祐四年（公元1052年），范仲淹在赴任途中病卒。

解缙被杀之因

解缙，字大绅，吉水人。他是明朝初年的大才子，从小才思敏捷，聪颖好学，被誉为"神童"。后世流传许多关于他吟诗作对的趣闻。据说有一个秀才，听说解缙善对对子，便出了一副对联给解缙，让他照样做一副。他出的对联是：

"牛跑驴跑跑不过马，鸡飞鸭飞飞不过鹰。"

解缙见这副对联不伦不类，把解缙比成牛、驴、鸡、鸭，把他自己比做马、鹰，有意贬低解缙。于是，当即对了一副："墙头芦苇，头重脚轻根底浅，山间竹笋，嘴尖皮厚腹中空。"

讽刺那个秀才不过是"墙上芦苇"、"山间竹笋"而已。此联脍炙人口，流传至今。

解缙于洪武二十一年考中进士，任庶吉士，很得明太祖朱元璋的赏识。建文帝朱允炆时，他被任命为翰林院待诏。明成祖朱棣登基后，他又被提拔为翰林学士，入职文渊阁，主持编辑了传世巨著《永乐大典》，深得朱棣的信任。

但是，解缙自恃才高，养成了自负的性格，说话办事无所顾忌，不但得罪了一些大臣，甚至得罪了皇帝、皇子。

← 敢于说真
话的解缙

朱棣即位后，本应尽快确立太子，但他却陷于两难之中。立长子高炽吧，他又偏爱屡立战功的次子高煦；立高煦吧，又怕违背了"立嫡长"的祖制。大臣们也为此分成了两派。朱棣征询解缙的意见时，解缙本主张立高炽为太子，但却不谈高炽，倒谈起了高炽的儿子——朱棣极为钟爱的"好圣孙"朱瞻基，此番话一下子打动了朱棣，因而内心倾向了高炽。不久，朱棣宣布立朱高炽为太子，同时封朱高煦为汉王，封国云南。封朱高燧为赵王，封国彰德。

朱高煦没当上太子，怨气冲天，他一面竭力讨好朱棣，一面进谗太子，迫害拥立太子的大臣。这样，解缙就首当其冲，成为高煦第一个要拔掉的眼中钉。

永乐五年，解缙见朱棣宠爱高煦日甚，而高煦又常越礼不轨，便向朱棣进谏，指出高煦有意与太子争位，劝朱棣对高煦要加以约束。不料，事与愿违，朱棣不但未采纳他的建议，反而认为他故意离间骨肉，因而疏远了他。高煦见有机可乘，就胡说解缙不守朝规，泄露宫中机密。朱棣信以为真，将解缙贬到广西，后又改为交趾。即使这样，仍不解高煦对解缙的仇恨。四年之后，解缙入京，适逢朱棣北征不在，仅仅见了太子高炽便回到了交趾。高煦抓住这件事大做文章，在朱棣面前说解缙竟敢趁皇上不在京时私见太子，失去了人臣之礼。朱棣不问青红皂白，命人将解缙逮捕入狱，由锦衣卫处置。

朱高煦唆使狱官，逼解缙承认他与太子朱高炽有密谋，想借解缙来陷害太子。但解缙识破了他的恶毒伎俩，虽然受尽了酷刑，却坚决不承认。没有口供，谁也奈何解缙不得，解缙在狱中一关就是五年。

到了永乐十三年，有一天，朱棣在狱中拘押的囚犯名单上见到了解缙的名字，就问：“哦，解缙还在吗？”锦衣卫头子明白了朱棣的意思，回去便用酒将解缙灌醉，赤身露体埋在雪地里，活活冻死了。

解缙已死，朱棣下令籍没他的家产，把他的妻子儿女都发配到了北方。

眼看解缙被贬被杀，太子朱高炽却无能为力，只有暗自伤心。后来高煦因种种不轨之举也被朱棣冷落。

可叹解缙这位盖世英才，做梦也未想到自己因为说实话，竟遭到如此凄惨的下场。

王国维为何自杀

　　王国维，字伯隅，又字静安，号观堂、永观。浙江海宁人。他是中国近代著名的文学批评家和史学家。他对词曲的研究有独到的造诣，对古文字、古器物，甚至殷商制度以及西北地理、蒙古史的考据，都有卓越的成就。他还精通康德、叔本华、尼采的哲学，堪称一代国学巨擘。

　　在人们的印象中，他又是个卓尔不群的"怪人"：在清华大学研究院众多西装革履的教授中，他却头戴瓜皮帽，身着长衫，脑后拖着一条辫子，厚厚的圆眼镜后面是一对充满忧郁的眼睛，活脱脱一个前清遗老；而到了讲堂上，他那双眸子里却闪出熠熠光彩，旁征博引，侃侃而谈，变成了深受学子们欢迎的学识渊博的导师。

　　令人大惑不解的是，这位著名的学者，在他五十岁那年，正值学术研究的黄金时期，竟不明不白地投入颐和园的昆明湖中，自尽身亡。他的死，引起了学界的轩然大波，人们纷纷猜测：王国维为什么要自杀？

　　梁启超先生把王国维比作"不食周粟"的伯夷、叔齐和为楚国"忧愁忧思"投江而死的屈原。并有二事可证：其一是他的遗书中有"五十之年，只欠一死，经此世变，义无再辱"之句。可视其为"殉清"誓言；其二是伪皇帝溥仪还赐谥"忠悫"于他，并为他举行了葬礼。王国维是为了"殉清"、"完节"而死。

许多人赞同此说，认为王国维是中国的传统的文人，有根深蒂固的忠君思想。1923年，他被清朝重臣罗振玉引荐，当了清宫南书房行走，给废帝溥仪担任"文学侍从"。还被加恩赏五品衔，破例允准他可在紫禁城内骑马。这个知遇之恩使他感铭肺腑。

1924年，冯玉祥发动北京政变，把废帝溥仪赶出北京时，他当时就想跳进神武门御河里"以身殉国"，可见他在思想深处早有"殉清"的打算。再加上他自杀的那年春天，北伐军进逼北方，势如破竹。听说湖南豪绅叶德辉被国民革命军杀了，又听说革命军要杀拖辫子的人。有人猜测说，王国维是怕自己落入北伐军手中，蒙受耻辱，与其被杀，不如自杀，兴

← 国学大师
　　王国维

许还博得个"忠清"的美名，以保晚节。

其实，王国维死时，清亡已十年，末代皇帝溥仪也当了日本帝国主义的傀儡，他亦从教做学问多年，殉的哪门子"清"？至于说他怕被北伐军所杀，不符合他的为人，更不足置信。

有些人认为，王国维之死与罗振玉逼债有关。当时有两件传闻，说得有鼻子有眼的：

一是溥仪在《我的前半生》一书中记叙的一件事，说是清帝内务府大臣绍英托王国维代售一批字画，罗振玉以代卖为名，将所得画款一千余元作为王国维应还他的债款通通扣下，王国维无法对绍英作交差，愧而觅死。

二是史达在《王静庵先生致死的真因》一文中所述的一件事，说是罗振玉在其女婿死后因故把他的女儿（王国维的儿媳）接回家，令其为夫守节，逼王国维每年供其生活费二千元。而当时，王与罗合伙做生意亏本，王欠罗巨债无力偿还，罗催逼甚紧，并与之绝交，王国维对此"又惊又愤"，因而萌生短见。

还有人从心理层面上诠释他的死因认为，王国维之死是寻求精神的解脱。

陈寅恪则说："凡一种文化值衰落之时，为此文化所化之人必感苦痛，其表现此文化之程量愈宏，则其所受之苦痛亦愈甚；迨既达极深之度，殆非出于自杀无以求一己之心安而义尽也。"

尽管对王国维的死因众说纷纭，但归结为一点，作为一个传统知识分子，王国维在社会大变动时代找不到出路，难以自处，无法解脱，愤而弃世才是其死的根本原因。

Part 5

中国绘画戏曲

绘画的始祖是谁

　　在世界美术史上，中国画独树一帜。中国绘画的起源可追溯到原始社会，其绘画痕迹留于陶器上的各种花纹、图案上，但现代意义上的绘画并非这些花纹、图案。那么，谁是中国画的始祖？中国画起源于何时？我国有很多关于这个问题的传说，古籍上也对此众说纷纭。

　　"白阜始作图画说"。《画史会要》中说："炎帝神农氏，命其臣白阜，甄四海，纪地形而图画之，以通水道之脉。"白阜是传说中神农氏的大臣，古人在讨论绘画起源诸问题时极少提及此说，因为白阜画的是地形图。

　　"绘画源于黄帝说"。《鱼龙河图》说："黄帝遂画蚩尤形象，以威天下。"这些可以说是绘画。《云笈七签》又云："黄帝以四岳皆有佐命之山，乃命潜山为衡岳之副，帝乃造山，躬形写象，以为五岳真形之图。"这两者都只能算是画地形图了。

　　"伏羲氏始作画说"。《周易·系辞上传》云："古者伏羲氏之王天下也，仰则观象于天，俯则观法于地，观鸟兽之文，与地之宜；近取诸身，远取诸物。于是始作八卦，而文籍生焉。"古今都有学者认为，伏羲氏所画八卦的爻象的意义原在图形，因为它们都是象形的。伏羲氏观察天象画出了"乾"，根据大地则画了个"坤"等等。因而伏羲氏所画的八卦乃是中国最原始的绘画。

"绘画始作于史皇说"。史皇是黄帝的大臣。《文选》李善注中说:"《世本》云:'史皇作图。'宋忠曰:'史皇,黄帝臣;图,谓图画物象。'"《云笈七签》则称:"黄帝有臣史皇,始造画。"说得更为直截了当。在《画史会要》中,黄帝之臣史皇"体象天地,功侔造化",颇"善鱼",无一不通,无一不画。黄帝的另一大臣仓颉作文字便是授传于史皇的"写鱼龙龟鸟之形"。

"绘画始于仓颉说"。不仅书法,绘画亦源于仓颉。书画同源是得到我国大多数学者的肯定的。朱德润《存复斋集》云:"书画同体而异文……类皆象其物形而制字,盖字书者,吾儒六艺之一事,而画则字书之一变也。"《孝经援神契》中说道:"奎主文章,仓颉效象。"宋均注云:"奎星屈曲相钩,似文字之画。"意即"屈曲相钩"的文字实际上就是中国最原始的绘画。

↑ 仓颉画像

"绘画始祖为封膜说"。《画麈》中指出:"世但知封膜作画。"意思是说人们只知晓封膜为绘画之祖。但此说没有根据。唐人张彦远见到《穆天子传》中有"封膜昼于河水之阳"之语后,误把"封"当作姓,又将"昼"解为

113

"画"，并用郭璞的注来证实这一误解，很是牵强，有穿凿附会之意，使后人误传世上曾有过"封膜"其人，并说中国绘画之祖就是封膜。此说实为以讹传讹，故而不足凭信。

"敤首为绘画始祖说"。《说文解字》曰："舜女弟名敤首。"敤首是传说中英雄时代舜的妹妹，她曾"脱舜于瞍象之害"，向两个嫂嫂告发了恶徒们欲置舜于死地的阴谋，救了舜一命。《列女传》盛赞她善画，"造化在心，别具神技"。敤首又名嫘或画嫘。正是由于嫘创造了绘画，所以她又叫画嫘。

然而，敤首的绘画事迹，距今年代久远，某些古籍的记载又缺乏有力的根据，往往带有神话色彩，无从查考。中国绘画的始祖也许是黄帝时代的人物，究竟是谁，目前仍是个谜。

音乐"七声"是谁创造的

　　在中国音乐史上，有一个很重要的人物，叫苏祗婆。他将龟兹琵琶七调，从西域传到了中国，后经音乐家郑译、万宝常的努力，使中国传统的五音音阶，兼用了西域的七音。这一音乐理论称为"五旦七声"，指乐律中，音阶可划分为七调，五旦之中又有七声，以每一声为主，可构成一种调式，可得35调。这七声相当于中乐七声：宫、商、角、变徵、徵、羽、变宫，也相当于西乐七个音符C、D、E、F、G、A、B。总之，苏祗婆比较系统地引进了印度、波斯的乐律，推动了中国音乐的改革和进步，并且对后世音乐产生了重大影响。例如，隋朝音乐家郑译从苏祗婆的这一音乐理论中得到启发，进而推算出84个宫调，被称为"苏祗婆琵琶八十四调"。在实际音乐中以调不全用，又演变成隋唐燕乐28调，后来有人将其中最常用的五宫四调，合称"九宫"，一直流传至今。

　　这样一个对中国音乐发展、对中外音乐文化交流做出重大贡献的历史人物，人们却对其身世知之甚少，只知道他来自西域龟兹国，世代为音乐家，北周、隋之际来到中国，生卒年不可考，名字苏祗婆为梵语Sujiva的译音。由于史料语焉不详，因而有学者大胆推测：北齐的音乐家曹妙达可能与北周的苏祗婆为同一个人。

曹妙达（生卒年不详）为北齐的乐官，擅弹琵琶，世传其业，并能作曲。他为北齐的文宣帝所器重，常常召入宫内弹奏琵琶，皇帝自己则在一旁敲击胡鼓进行配合，两人一起沉浸于美妙的音乐世界。他的音乐活动从北齐至隋文帝时，将近半个世纪。北齐灭亡后，他为隋的宫廷音乐教习。

杨宪益在《关于苏祇婆身世的一个假设》一文中指出，"苏祇婆"与"曹妙达"原音相同，后者也是从梵文转译过来的。而且，"妙达"是梵文"苏"（su）的意译，"达"字含有"生"字诸义，也就是梵文"祇婆"的意思。在同一时代，差不多同一地方，居然有两位善弹琵琶的西域人，而且连名字都差不多，天底下哪有这样的巧事，除非假设：北齐的曹妙达就是北周的苏祇婆。杨宪益根据这一假设自圆其说道：苏祇婆幼年为突厥所俘虏，因精通乐理，为突厥王看重，周武帝天和三年（568年）或前几年，作为突厥王后随从乐人来到北周京都，在那里不甚得意，又到了北齐，得到北齐后主的重视，位至开府封王。这一假设颇具新意，苏祇婆与曹妙达确也有许多相似之处，但要断定"苏祇婆就是曹妙达"，似又显证据不足，有牵强附会之嫌。苏祇婆到底身世如何，同曹妙达关系如何，还有待于挖掘史料进一步探讨。这一谜底的揭晓，将会大大推动中外音乐文化交流史的研究。

↑　苏祇婆像

戏曲角色名称的来历

我国戏曲表演的特点之一是演员按其扮演的人物类型，划分为生、旦、净、末、丑不同的角色行当；可是，若问角色行当何以用这几个字命名，大家又会觉得迷茫。

有些剧种随着表演艺术的丰富和发展，角色行当又区划为更加细密的分支，如生行分为老生、小生、武生；旦行分为花旦、青衣、老旦；净行通常要画脸谱，俗称"花脸"，又可分为铜锤花脸、架子花脸等。此外，如"贴"为"旦之外，贴一旦也"，也是旦行。"外"者，"生之外又一生也"，通常也是老生。所以概而言之，还是生、旦、净、末、丑五种类型。

对这五种类型命名的含义，明代一些爱好戏曲的文人表现出很高的探求兴趣，很是热闹了一阵子。

明太祖朱元璋的第十七子朱权，是一个戏剧家。他在洪武三十一年（1398 年）写成的《太和正音谱》，部分地接触到行当的命名："当场男子谓之'末'。末，指事也"，"当场之妓曰'狚'。狚，猿之雌也……俗呼旦，非也"，"靓，傅粉墨者……粉白黛绿谓之'靓妆'，故曰妆靓色，呼为净，非也"。虽然解释得很不明白，如"末"为什么是"指事"，但因为他的社会地位比较高，封建社会的文人常将他的话引以为据。

明周祈从《乐记》的一条注"优俳杂戏，如猕猴之状"立论，认为不仅"旦"为"狙"，而且其他行当也都是动物名："生，狌也，猩猩也"，"净，狰也，似豹，一角五尾，又云似狐有翼"，"丑，狃也，犬性骄"，"谓俳优之人如四兽也"，这是从歧视艺人的角度去臆想。而《怀铅录》对"末"所作的解释曰："四夷之乐有袜"，袜为北方国名，故"优人作外国装束者"曰"袜，省作末"，这也与古剧中"末"行所扮人物之实际不相符合。

明代文学家胡应麟也参加了这场探讨，在《庄岳委谈》中提出了"反是而求其当"的观点，即主张从角色的反面含义去理解。比如，生行往往要唱不少曲子，必须熟习，"曲欲熟而命以生"；旦角扮演女性，女性属阴，"妇宜夜而命以旦也"；按照传奇剧本的规范，末角总是第一个登场，简述全剧大意，"开场始事而命以末"；净角要画脸谱，"涂污不洁而命以净"。至于"丑"，胡应麟没有说出它的反义来，另外一些持同样观点者则作了补充，或曰"丑为好"，或云丑在十二生肖中为牛，牛最笨拙，故将最活泼伶俐的角色命为"丑"。文学家祝允明（祝枝山）不同意这种见解："生净丑末等名，有谓反其事而称……皆谬也。"他认为这些称谓只是金元间的市井语言，"即其土音，何义理之有？"其实，即使土音市语也还是有义理可求的，他自己既没有说出个所以然，又抹煞别人探求的意义，似乎有点蛮横。

对于戏曲深有造诣的徐渭，则持慎重和研究态度。其《南词叙求》："生即男子之称，史有董生、鲁生"，"宋伎上场，皆以乐器之类置篮中，担之以出，号曰花担，今陕西犹然，后省文为旦"，"丑，以墨涂向，其形甚丑，今省文作丑"，"净，此字不可解。予意即古'参军'二字；合而讹之耳"，"末，优中少者为之，故居其末……家奴多用末扮，亦古参军、苍鹘之意"。徐渭从生活习俗及唐代参军戏来追索角色行当命名的缘由，

← 戏曲角色名称
中的旦行，简
称"旦"

观点比较严肃朴实，多为后世研究者所赞同。

当然持异议者也是不断出现的。择其要者，如明沈德符根据《辽史·乐志》"大乐有七声，谓之七旦"之说，而曰："所谓旦，乃司乐之总名"，"旦皆以娼女充之，无则以优之少者假扮，渐远而失其真"。清焦循《剧说》引《都城纪胜》：宋代"杂扮或杂班，又名钮元子……装为山东河北村人以资笑端……今之丑角，盖钮元子之省文"。王国维《古剧脚色考》则主张丑角由"五花爨弄"而来，"丑"是"爨"字的简写。

在戏曲史研究中，"角色考"是一项专门的学问。近年来研究成果不多，关于角色行当的许多方面仍然使人处于迷茫之中。

《广陵散》的内容是什么

金庸在《笑傲江湖》里引用有关《广陵散》的故事。而《广陵散》究竟是什么呢？

有些辞典在《广陵散》条目下，常常引述《晋书·嵇康传》作如下解释："魏嵇康游洛西，暮宿华阳引琴而弹；夜分，忽有客诣之，索琴鼓广陵散以授康，声调绝伦，誓不传人。后康为司马昭所害，临别，弹之，遂成绝响。"这样当然只是一种解释。

也有人根据宋朝沈括《梦溪笔谈》的记载"广陵散者，言王陵、毋丘俭辈，皆在广陵散败，言魏散亡，自广陵始也"，作出补充。

这两条解释只是比喻绝学不传的成语"广陵散矣"的出处，然而以对《广陵散》的解释来说，是不可尽信的。

《广陵散》的作者是谁无从考证。不过，按郭茂倩《乐府诗集》所引的注释"东武、太山皆齐之士风，弦歌讴吟之曲名也"，则"广陵散"可能是先在广陵一带流行的一种民间音乐，而作者或许是许许多多无名的老百姓，也就是在劳动人民中形成的。当然，支持这种说法还需是《广陵散》后来经人不断加工，发展至旋律繁复、曲体严密的合乐曲形式。但它的整理者是谁呢？

↑ 嵇康弹《广陵散》

　　与《广陵散》有关的故事，在汉朝蔡邕（公元 133—192 年）所著、专门谈琴曲故事的《琴操》内，有这样的说法：聂政的父亲为韩王炼剑，因为炼出剑来而延误了交剑的期限，而且由此被韩王所杀。聂政为了报杀父之仇，逃到深山，历尽艰苦，费了十年工夫，练成卓越的古琴弹法，引起了韩王的注意。韩王听说国内出现了弹琴的高人，便召聂政入宫弹琴，却不知这位身怀绝技的人，是专门来找他报仇的。韩王正听得津津有味时，聂政抽出藏在琴腹中的刀子，一把刺死韩王。聂政杀死韩王后，怕连累母亲，也自毁容颜而死，因此没人知道刺客是谁。韩王的大臣出很高的赏金寻找刺客。聂政之母为使儿子扬名，前去认尸，同时死于聂政身旁。

　　《琴操》描述的故事并不叫《广陵散》，而称为《聂政刺韩王曲》。

然而《广陵散》因为每段都有标题，在体例上看起来很切合这个故事的内容。可是，也有人认为这阕古曲描述的不是这个故事。

人们从《广陵散》的标题及故事情理，说明蔡邕所述故事更合乎《广陵散》的内容要旨和它的艺术风格，但真相到底如何只能是一个千古之谜了。

《二泉映月》的"二泉"是什么

　　华彦钧早年双目失明，以在街头拉二胡卖艺为生，因其琴艺高超，名闻遐迩，人称"瞎子阿炳"。他创作的《二泉映月》琴曲，优美深沉，婉转苍凉，不仅是一首优秀的中国乐坛佳作，而且走出国门，成为享誉全球的世界名曲。人们不禁要问，《二泉映月》是描绘二泉映月的自然景色的吗？为此，在音乐学界还引起了诸多争议。

　　音乐学家杨荫浏是在华彦钧病逝前不久，抢救性地为华彦钧录下了其亲手演奏的《二泉映月》的。尔后，整理汇编了《阿炳曲集》。杨荫浏认为，《二泉映月》是描写在清澈见底的二泉间中所反映出来的天上光明的月亮，是阿炳略带伤感地写出了自己的心情。

　　二泉是"天下第二泉"的简称，原名惠山泉，是无锡著名的景点，因其泉水甘润可口，经唐代茶神陆羽品尝后，评为"天下第二"，故名。但其南有漪澜亭亭榭遮挡，所以映不出月亮来。为此，杨荫浏在《〈二泉映月〉的作者阿炳》一文中又说："乐曲描写了在清澈见底的二泉亭南边池子中间所反映出来的天上光明的月亮，表现了他想象中的旧时目睹的美丽风光；然而，他当时感到的却是周围漆黑一片。因此，在这首婉转优美的抒情曲调中……流露出作者发自内心的苍凉情调。"

著名音乐家贺绿汀对上述说法首先提出异议。他在《中国现代音乐文化发展的回顾》一文中写道:"阿炳的音乐之所以能感人,是由于他在旧社会过着长期的痛苦流浪生活。他的音乐正抒写了他在长期痛苦流浪生活中的思想感情。《二泉映月》这个风雅的名字,其实与他的音乐是矛盾的,与其说音乐描写了二泉映月的风景,不如说是深刻地抒发了瞎子阿炳自己的痛苦身世。"

著名二胡演奏家闵惠芬在《孤独的夜行者》一文中,写道:"欣赏《二泉映月》只有听者怀着极大的同情感,才能听出音符间的内心独白,这种心酸是无法用语言讲的,好像苦得太深了,太长远了,都发木了……联想到小时候在家乡看到的盲艺人在街头上边拉边走的形象,顿时使我感觉到了《二泉映月》的律动。浪弓的运用是有生活基础的,这种律动

↑　阿炳创作绝唱《二泉映月》

引伸去理解，可以说是人生的脚步，是那样的沉重，带有一种木然的感觉。这是解放前社会底层的人才能有的律动，具有深刻的典型意义。"

音乐家李民雄也认为，当人们听了《二泉映月》那深刻动人的乐曲之后，不仅联想起夜阑人静、泉清月冷的艺术境界，而更多的是犹见其人。一个刚直、顽强的盲艺人在向人们倾吐他坎坷的一生，阿炳在乐曲中抒发了他对生活的无限感慨和悱愤之情。

沈洽先生曾采访过阿炳的亲属和朋友，都证实《二泉映月》原来并无标题，是当初杨荫浏等人为其录音时，与阿炳共同定的名。以前，曾有心称此曲为"依心曲"，是阿炳在独自一人，兀自忧愁之时才演奏的流露心声的曲子。因此，沈洽认为，在《二泉映月》的"具体的音响运动中，我们既感受不到任何外部世界的声态或动态的描绘，更谈不上有任何所谓'泉'和'月'的造型。""从本质上看是一首真正的无标题音乐。""只要一旦把这个标题抛弃，它就是一首无标题音乐的杰作。"然而，几十年过去了，《二泉映月》仍有其名，并且为越来越多的海内外听众所接受和欣赏。事实证明，无论此曲有名无名，人们对其的理解还是作者借景抒发的无限感慨的深情。

Part 6
中国建筑

秦陵兵马俑之谜团

　　1974年，在陕西省临潼县秦始皇陵东侧发掘出土了由一号坑、二号坑、三号坑、四号坑组成的大型地下兵马俑军阵。这就是令世人惊叹叫绝的秦兵马俑，堪称"人类文明的精神瑰宝"，是"世界第八大奇迹"。

　　最著名的一号俑坑，由六千件陶人、陶马组成一个长方形军阵。整个军阵由三部分组成：前面是二百一十个弓弩手组成的前锋部队，中间是六千人的铠甲俑组成的主体部队，后面是三十五乘驷马战车，战车两侧各有一排保护驭手的侧翼部队。这些武士俑身高1.75～1.95米，均按秦军将士形象塑造，体格魁伟，服饰逼真，神态生动。他们手执戈、矛、戟、铩等各种兵器，严阵以待。陶马则高1.5米，长2米，高大健壮，肌肉丰满，表情机警，栩栩如生，匹匹都如同即将奔赴疆场的骏马。经判断，一号坑为"右军"，二号坑为"左军"，三号坑为"指挥部"，四号坑为"中军"。

　　人们认为，只有统一全国的秦始皇，才具有组织和指挥这支队伍的气度和能力。秦始皇死后，有这么一支驻扎在京城内外的大军。因此，这些俑坑就应该是秦始皇的陪葬坑，这些兵马俑毫无疑义就是他的殉葬品。

　　可是，有人经考证否定了这个结论，提出了一堆疑问，使这个公认的看法变成了扑朔迷离的谜团。

其一，军阵之谜。

在一号坑和二号坑里，发掘出战车。它们和步兵、骑兵组成方阵，形成一种作战方式。但是在《文献通考》、《菽园杂记》、《淮南子》和《史记》等古籍记载中，那不是秦始皇时期的军阵。那么，兵马俑也就不该属于秦始皇了。

其二，武士之谜。

四个俑坑中的大部分兵士，腿扎行膝，足登浅履，精梳着各种头髻，没有一个人戴攻坚的头盔。秦始皇能用这样无战斗力的军队征战南北吗？

其三，武器之谜。

秦统一六国后，为防止旧贵族反叛，下令收缴全国的兵器，铸成钟座和各重二十四万斤的十二个大铜人，违者诛杀。然而，在兵马俑坑中

↑　秦始皇陵兵马俑一号坑

竟出土了大批的步兵使用的矛、戟、铍等长柄武器及弩弓。这都是违禁的。因此，当时的人是不可能如此做的。

那么，到底兵马俑的主人是谁呢？

有学者详细考证了俑坑中出土的负铍的年工顺序和武士俑身上的铭文，认定这些兵马俑属于秦昭王之母——秦宣太后。秦宣太后本是楚国人，生前嫁到秦国，专权四十一年。这些兵马俑是她的仪仗队，是护送她的亡灵回老家的。

然而，又有学者对上述说法提出两个问题，使这个说法难以成立。其一，俑坑出土的兵器比秦宣太后晚五十八年。谁也不会把当代的新式兵器加到半个世纪前的死者的坟墓中去。兵器之一名为"相邦吕不韦戈"，属于秦始皇时代的三年、四年、五年、七年之物。兵器之二名为"寺工"长铍，"寺工"一词最早出现在秦始皇二年，是专铸墓葬兵器的官署。况且这些兵器出土时，土层并没有被挖掘过的痕迹。其二是秦宣太后的葬地。《史记》中明确记载"宣太后死，葬芷阳骊山"。实际上，芷阳在骊山南麓，而兵马俑坑在骊山北麓，方向正好相反。一个是言之凿凿的史实，一个是明确无误的实地，结论根本不同。

兵马俑的主人究竟是谁？这仍是一个令人费解的谜团。

范仲淹到过岳阳楼吗

岳阳楼为我国古代三大楼阁之一，自唐宋以来素负盛名，尤其是范仲淹写了那篇脍炙人口的《岳阳楼记》之后，它的名声更加响亮，许多人都把"登临此楼赏洞庭"当作世间一大快事。

岳阳楼座落在湖南省岳阳市西门城楼上，因其位于天岳山之阳，故以"岳阳楼"名之。该楼为三层木质结构，全部闩缝对榫制做，没用一颗铆钉，也没一块砖石。楼顶貌似古代将军头盔，楼角凌空高高挑起，梁柱结构鬼斧神工，门窗别致尽显其妙。整个造型华朴巧拙，在古楼阁中鲜有与其匹敌的。据史料记载，岳阳楼自建成至清代，经历过许许多多的变化：它先后至少经过五十一次修葺、二十四次重建、三次大的迁移。1983 年又落架大修，整体仍旧保留原貌。大修前的岳阳楼为清代同治六年（公元 1867 年）所建，也就是说，现在看到的岳阳楼为清代样式。

岳阳楼在不同的历史时期有不同的风貌，它到底改换讨几次容颜，发生过多少有趣的故事，很少有人能说清了。

岳阳楼的出名，如同黄鹤楼、滕王阁一样，除去独特的建筑、悠久的历史、良好的位置、众多的传说等因素之外，还与一些颂扬它的千古名篇有关。范仲淹的一篇《岳阳楼记》，代代传颂不绝，读后口有余香，三百六十四字的短文具有如此不朽的魅力，这也算是岳阳楼的一大奇观。掩卷后有人发现了一个有趣的问题：范仲淹没有到过洞庭湖，他又如何登临岳阳楼呢？

从《宋史·范仲淹本传》、《范文正公文集》、《范文正公年谱》等史料来看，范仲淹在二十六岁中进士后，一生的主要活动是当京官、地方官，兴修水利，办过教育，并在陕西一带搞过改革。从他的经历来看，没有机会观赏这座名楼，为何能写出如此逼真的情景呢？有人认为这不奇怪。一是范仲淹少年时到过太湖，有强烈的水域印象。范仲淹于北宋端拱二年（公元 989 年）出生于吴县（今江苏苏州）一个仕宦家庭，两岁丧父，其母改嫁淄州长山县（治所在今山东省邹平县东长山）富户朱文瀚，他也随母到朱家生活。范仲淹后来几次到外祖母家，看到过太湖，知其"浩浩汤汤，横无际涯"的万千气象，并牢牢记在心里。以此移写洞庭湖自

← 岳阳楼

然得心应手。二是滕子京重修岳阳楼后，为使范仲淹作记有所参考，曾送他一册《洞庭晚秋图》。有了这个蓝本，再加适当想象，何愁写不出记文？三是范仲淹知识渊博，阅历丰富，对岳阳楼当有所耳闻，或听过滕子京信使的描述，联想太湖之景，参阅洞庭之图，以其如椽之笔，写出了《岳阳楼记》。

从相关史籍看，的确找不出范仲淹到过洞庭湖的记载，但不能否认他来过此地。朱文翰在澧州安乡（治所在今湖南安乡西南）当知县时，范仲淹曾随继父来安乡读书，在这里生活学习有四年之久，此地至今尚有范仲淹"读书台"、"洗砚池"等遗迹。安乡距洞庭湖仅百余里，他或到过湖边，或游历过岳州（今湖南岳阳），或途经此地。由于时间比较短暂，那时他也寒微，故不见史籍述录。这种青少年时期的经历，印象十分深刻，后来滕子京向他约稿，便满口应允。如果没有这段经历，他不会向壁虚构，更不会把《岳阳楼记》写得如临其境，如睹此楼。

然而更多的人认为范仲淹到过洞庭湖的记载不确，至少他没有到过滕子京重修过的岳阳楼，但并不妨碍他能写出这一美文。范仲淹是北宋时文学家，他写《岳阳楼记》，并不着力于细致入微地白描工写，而是以大写意的手法，浓墨重彩，不落窠臼。要在有限的篇幅内达此目的，必须巧妙剪裁，繁简得宜，仅以"增其旧制"四字，表明此楼起废回新，增设规模，给读者以充分的想象空间，以"前人之述备矣"，略去了一切不必要的描写。作者以极其精练的语言，在情景交融中层层深入，最后点出"先天下之忧而忧，后天下之乐而乐"的主题思想。全文读罢舌端润畅，听后耳中清新，而今再读，仍然如晤故人。

以上那些说法，也仅是推测，而其中实情，恐难实证。

北京城"双龙"布局是巧合吗

　　北京是举世皆知的历史文化名城，如果从当初的蓟城算起，已有三千多年的历史了。自辽代开始，就在这里设立陪都，当时称为"南京"。金朝兴起，这里成了真正意义上的都城。其后元、明、清三朝为继，都把皇帝的宝座摆在这里，因而北京又被称为"龙兴之地"。我们现在看到的首都北京城，是在明清两朝的都城基础上发展起来的。

　　对于北京，很多人是了解熟悉的，有的人甚至对每条街道、胡同、道路和众多宫苑、坛庙、塔寺、景点等都是耳熟能详，了如指掌。可是，说到北京城建的玄机，是不是也能知根知底呢？

　　过去，对北京全城拍一张照片是不可思议的事情。遥感航摄技术发明以后，就不是什么难事了。有关部门的专家看了鸟瞰全北京城的照片，惊奇地发现，不仅景山地区有一巨大的"坐像"，而且老北京城的设计建造，竟呈"双龙"布局之势，一条水龙和一条陆龙各为游态，身体各部齐全完整，衔山环水活灵活现，巧妙地组成了又一奇观。

　　先看水龙：南海为龙头，湖心岛是龙眼，中南海和北海联为龙身，什刹海则是龙尾。整个摆向朝着西北，很有展身欲动的架势。再看陆龙：天安门像是龙吻，金水桥如同颔虬，东西长安街则是龙须，从天安门到

↑ 北京紫禁城鸟瞰图

午门是龙之鼻骨，太庙和社稷坛可作龙眼，故宫则恰似龙身，景山、地安门大街和钟鼓楼构成龙尾，正阳门又像宝珠。整条陆龙俯卧在古北京的中轴线上，且呈巨龙锁珠之态，其布局之奇，其构建之巧，其形态之妙，真是令人不可思议！

　　明代的北京城作为一国之都，有其明确的规划设计的主题，它符合《周礼·考工记》"匠人营国"记载中所说的"左祖右社，面朝后市"原则，突出体现了"面南而王"的中心思想，巧妙地利用了元大都的湖、河、山、岛的地势，突破原有的规模进行规划设计，然后按照设计进行营建。这一点在长达十六里的中轴线上看得十分清楚：两旁的建筑前后起伏，左右对称，利用建筑的形体及空间的分配，又离而不舍地互相联系在一起。

如果不是事先搞好规划设计，这种严谨有序的布局是不可想象的。北京作为龙兴之地，理所当然地要体现君权神授的思想，所以设计者苦心孤诣地作出了这种吉瑞恒久的"双龙"布局。

对于这种说法，有人认为不妥。明代的北京确实是先有设计而后营建的都城。如果说这条"陆龙"出于专门构划，那么，另一条"水龙"是否人工所为？从史料和传说中都不见有任何根据，封建文人最好张扬这种祥瑞吉兆，仅此就可编出一大篓子故事，何以不见片言只语？若说"景山坐像"是为"真武大帝"保密，似此"双龙"布局又有何密可保？也许所谓"双龙"布局，只是一种偶然的巧合，不必为此去做过多的探究，也不必为这种布局啧啧称奇。

陵上无碑文之谜

在北京的明十三陵中，有十二陵没有碑文。这究竟是为什么呢？

在这十三陵中，只有明成祖朱棣的石碑上有碑文，这块长陵石碑，正面上刻有"大明长陵神功圣德碑"字样，下刻有朱棣儿子明仁宗亲自题写的为其父歌功颂德的三千余字的碑文。既然十三陵中的第一陵有碑文，其余十二陵为什么不刻上碑文呢？

顾炎武在访问十三陵之后，写出了《昌平山水记》，他说，传说嗣皇帝谒陵时，问随从大臣："皇考圣德碑为何无字？"大臣回答说："皇考功高德厚，文字无法形容。"而《帝陵图说》给出了另外一种解释。《帝陵图说》里明太祖朱元璋曾说："皇陵碑记，皆儒臣粉饰之文，恐不足为后世子孙戒。"他这一批评，使翰林院的学士们再不敢写皇帝的碑文了。后来，写碑文的任务，便落在嗣皇帝的肩上。所以孝陵（太祖）碑文是明成祖朱棣亲撰，而长陵（成祖）的碑文，是明仁宗朱高炽御撰。

但明仁宗以后各碑，为何嗣皇帝不写了呢？依照这种说法，长、献、景、裕、茂、泰、康七陵门前，并没有碑亭和碑。到了嘉靖时才建，嘉靖十五年（公元 1536 年）建成，当时礼部尚书严嵩曾请世宗撰写七碑文，可是嘉靖帝迷恋酒色，又一心想"成仙"，哪有心思写那么多的碑文，

← 北京明
十三陵

因此就空了下来。

世宗以外的各皇帝，看到祖碑上无字，自己也就不便只为上一代皇帝写碑文，但如果都写的话，也没有太多的精力，因此，一代一代的皇帝传下来，就出现了这些无字碑。实际上，自明朝中期以后，皇帝多好嬉戏，懒于动笔，而最主要的原因是，如不加以粉饰，他们所谓的"功德"已经不能直言了，因而这些皇帝干脆不写了。

还有人认为，这些皇帝的做法是效仿武则天。因为武则天是一个聪明的人，"无字碑"立得真聪明，功过是非让后人去评论，这是最好的办法。这些皇帝们知道自己有可以肯定的地方，但同时肯定也有应该否定的地方。他们知道自己的一生人们会有各种各样的评价，碑文写得好坏都是难事，因此才决定立"无字碑"，功过是非由后世评说。

不管这些说法怎样，到现在，这些无字碑还立在十三陵中，同它们身后的皇帝一起，真正是做到了"功过是非由后世评说"。